AF384032

LES BUTTES

DE BAVILLE,

PAR

Mᵐᵉ GEORGETTE DUCREST.

Tome Second.

PARIS

ALEXANDRE MESNIER, LIBRAIRE.

PLACE DE LA BOURSE.

1831

LES BUTTES

DE BAVILLE.

IMPRIMERIE DE GOETSCHY,

RUE LOUIS-LE-GRAND, N°. 55.

LES BUTTES

DE BAVILLE,

PAR

Mme GEORGETTE DUCREST.

Tome Second.

PARIS

ALEXANDRE MESNIER, LIBRAIRE.

PLACE DE LA BOURSE.

1831

CHAPITRE IX.

Histoire singulière et vraie. — MM. Louis de Périgord, Alfred de Lameth, de Coigny, Voirol, Étienne de Choiseul, de Tamnay, de Brac et Jacobi. — Rêves étranges. — Assassinat découvert. — Visions. — Le duc de Guines.

J'étais il y a vingt ans nous dit-il assez malade pour que les médecins m'ordonnassent de changer d'air, ce qu'ils ne manquent pas de faire comme vous savez, faute de savoir ce qu'ils devraient trouver pour guérir.

La plupart de mes amis étaient partis pour la brillante campagne d'Autriche, ce qui me décida à choisir *Baden* pour but de mon voyage, espérant y voir arriver quelques blessés, affligés de renoncer momentanément au partage des succès de Napoléon; et venant essayer les bains afin de recouvrer la santé, pour courir promptement de nouvelles chances de la perdre encore. Je pourrais les aider à supporter leurs chagrins, et leurs souffrances, c'était une raison déterminante pour moi. Je partis, et comme une peine de cœur, causait la langueur qui me consumait, l'espoir d'être utile, et les distractions que causent des lieux inconnus à parcourir, me firent arriver à *Baden* avec un mieux sensible ; et tout en gémissant toujours sur la perte de tous mes plans de bonheur, renversés par une trahison de femme, que je trouvais alors *inouie* parce que j'en étais la victime ; je prévis que le changement de pays, de langage, d'usage, me donnerait enfin la philosophie, dont j'avais besoin pour oublier l'infidèle. Je rougissais de n'avoir pu maîtriser ma passion, lorsque habitant la même ville qu'elle je craignais de la rencontrer, ou d'apercevoir sa voiture ; au lieu de me nourrir de souvenirs qui ajoutaient aux tourmens du présent j'avais la ferme volonté de ne conserver que le mépris que méritait sa conduite ; c'était un commencement de guérison.

Je ne m'étais point trompé en supposant que les victoires s'achetteraient au prix de nombreux malheurs ; et je trouvai la ville de *Baden* si remplie de blessés et de convalescents, que j'eus une peine infinie à pouvoir me loger ; à force de chercher, je découvris enfin une petite auberge en dehors de la ville, assez proprement remise à neuf, et dont l'hôtesse grande et grosse Allemande, à la démarche brusque, au regard plus que hardi, me promit que je serais d'autant mieux servi chez elle, que son mari était un sous-officier français ; il était arrivé chez elle mourant, avait supporté courageusement l'amputation du bras droit, et l'avait épousée après avoir obtenu son congé, et s'être résigné à attendre que son deuil de veuve fut fini. — Y a-t-il longtems lui demandai-je que vous êtes mariée madame? — Trois mois, monsieur, et c'est avec une fière joie que j'ai quitté le nom de Trautmann que je détestais, pour prendre celui de Minet, dit *Joli - Cœur.* — Vous n'aimiez donc pas le défunt? — Ah dieu, seigneur, je ne pouvais le souffrir. Un vieux avare amassant sou sur sou, criant toujours que je faisais trop de dépense pour ma toilette; il me forçait de renvoyer tous les garçons d'écurie dont il devenait jaloux, grognant, grondant, toussant, crachant ; en vérité je ne sais ce que je serais devenue, si une bonne colique ne l'avait emporté en vingt-quatre heures. — Ah il est mort si promptement, dis-je en regardant cette mégère, d'une manière singulière apparemment, puisqu'elle pâlit et rougit successivement. — Oui, répondit-elle brusquement, une colique de *miserere* ; morte la bête, mort le venin ; je ne lui en veux plus au pauvre cher homme ; et puisse-t-il là haut être en paradis à compter les louis qu'il aime. »

Elle sortit me laissant scandalisé de ce manque total des convenances, et m'affligeant de ce qu'un compatriote, eut aimé assez l'argent pour avoir épousé cette femme acariâtre.

J'étais tenté de quitter cette maison, éprouvant pour mon hôtesse un éloignement que j'éprouve toujours lorsque je vois que l'on est en opposition avec ce que commande la nature ; un homme efféminé me déplaît tout autant qu'une femme prenant les manières de notre sexe; mais je fus forcé malgré ma répugnance de rester dans cette auberge, puisqu'il n'y avait pas un seul petit coin disponible dans la ville ; je résolus d'éviter toutes les occasions de me rencontrer avec madame Minet.

Je m'arrangeai le mieux que je pus dans mon modeste logement, et j'allai ensuite respirer l'air dans un petit jardin, où quelques arbres rares donnaient seuls un peu d'ombre.

Je vis sur un banc rustique adossé

à l'un d'eux, un grand homme portant des moustaches très-longues, un bonnet de police de grenadier de la vieille garde, une veste bleue ; sur sa poitrine brillait l'étoile des braves ; et portant à sa bouche une pipe qu'il fumait d'un air grave, les yeux fixés vers la terre, sur laquelle, de sa main gauche, il traçait avec sa canne le nom de Napoléon, je reconnus Minet *Joli-Cœur*. Toute sa tenue annonçait la propreté et la rectitude d'un vieux soldat, son air de franchise et son salut militaire me le firent prendre tout de suite en amitié. Il me transportait dans ma patrie ; et j'éprouvais un véritable bonheur à lui parler avec la certitude que ses réponses seraient faites en français, et sans cet

i insupportable accent allemand , qui
ı me contraignait à chaque instant de
ŗ penser que j'étais loin de la France !...

Je m'assis auprès de lui, et j'entrai
e en conversation.

— Eh bien ! mon brave , vous
v vous reposez enfin ? — Parbleu
c c'est bien malgré moi , allez. Si ce
d diable de bras ne s'était pas trouvé
tı trop près d'un canon ennemi, j'en
e entendrais encore ronfler de fameux;
e et *Joli-Cœur* ferait de fières niches
à à ces tous laids d'Autrichiens. —
Vous devez être consolé de ne pas
v vous battre maintenant. Vos chevrons
e et votre croix prouvent assez que
v vous étiez un vigoureux gaillard.—
C Oh ! bien sur que j'étais ferme au
p poste; mais dame, comme mes cama-
r rades. Je n'ai pas plus *tapé* qu'eux

ces maudites carcasses d'Allemands ;
seulement j'ai été plus heureux, tous
ne reçoivent pas sept blessures en
trois affaires. Par exemple, mon bras
de moins est de trop, parce que je
ne puis plus porter la clarinette de
cinq pieds, et c'est diablement tan-
nant.—A présent l'amour a son tour.
—Oh ! l'amour, c'est bel et bon ;
mais j'aime mieux le feu bien nourri
de la mitraille que le flambeau de
Cupidon. C'est pas l'embarras, quand
ma femme est en colère, je pourrais
encore me croire à l'armée, elle fait
plus de bruit qu'un feu-de-peloton.
—Elle est belle votre femme. — Ça
c'est possible, mais l'aigle de mon
drapeau avait de plus beaux yeux
que les siens. — Cependant vous l'aimiez quand vous l'avez épousée ? —

Je lui devais de la reconnaissance ;
logé par billet chez elle, j'y étais
comme coq en pâte d'abord, et les
voyageurs étaient, ma foi, négligés
pour moi, et n'avaient de bon bouil-
lon que quand j'en avais trop. Un
jour un grand luron, qui voulait consoler la veuve, (car elle a eu un mari
défunt qui est mort) se cacha dans
sa chambre le soir, pour la forcer à
l'épouser, parce qu'elle avait des
noyaux; elle se mit à crier, je l'entendis, et plus vite que ça, me v'la
enfonçant la porte à coups de pieds
et de crosse de mon vieux fusil, que
je ne quitterai jamais, ce pauvre cher
compagnon de Marengo, et puis en-
tré dans la chambre, je vous décoche
une taloche au *pékin* qui lui fait voir
trente six chandelles. Il se fâcha et

m'offrit de nous battre pensant qu'il aurait bon marché de moi ; mais malgré que je n'aie qu'un bras, je ne suis pas manchot ; j'acceptai la partie et je l'étendis avec une estafilade au côté, qui lui fit prendre peu de jours après son passeport chez le bonhomme Pluton. Ça avait fait de l'esclandre, madame Trautmann n'était pas aimée dans le pays, et les commères jalouses de sa richesse, bavardaient la dessus que c'était un plaisir ; cette pauvre femme criait à mes oreilles, qu'elle était perdue de réputation, et enfin elle arrangea tout pour que je remplaçasse le défunt. Je l'épousai, et voilà. — Êtes-vous heureux ? — Quand madame Minet est de bonne humeur cela ne va pas mal ; quand elle est méchante, je ne dis rien, mais je prends la pipe du père Trautmann, et je fume pour lui donner le tems de crier tout à son aise à c'tte chère femme. Elle est tout à l'heure descendue de chez vous mal montée, aussi v'là la pipe qui va son train. — Mais mon camarade, il faudrait tâcher de vaincre ce caractère difficile.—Ah bien oui ! L'empereur serait plutôt battu que ce miracle ne serait fait. Bah ! d'ailleurs qu'est-ce que ça me fait à moi, les criailleries d'une femme ? Mes oreilles sont faites au bruit. Quand l'orage est passé elle vient me calmer ; nous nous *rappatrions*, et puis nous recommençons le lendemain. Elle m'aime tout de même, et sait bien que si elle m'embêtait trop je la lâcherais d'un cran. Ma retraite, la pension de ma croix, mes petites économies et l'héritage de mon pauvre père, continua Joli-Cœur en s'essuyant les yeux du revers de sa manche, me rendent indépendant; car afin que vous le sachiez, monsieur, je paie pension à ma femme. Il ne sera pas dit qu'un soldat de Marengo se laisse nourrir comme un chat, par une personne du sexe; si je n'avais pas fait comme ça elle m'aurait peut-être reproché un jour le pain que je mange, et alors je ne sais ce que j'aurais fait. Tout est bien comme je l'ai arrangé. Comme on fait son lit on se couche; bons amis tant qu'elle voudra, mais pas pus que ça.

Je fus charmé de la franchise de ce brave homme, poursuivit M. de Mairan, et je le priai de dîner avec

moi, en lui promettant qu'il ne serait pas obligé de se soumettre à mon
régime, et que je lui ferais donner
une bouteille de vin de Bordeaux,
pour boire à la santé de l'Empereur;
il accepta, et me promit d'être dans
ma chambre à cinq heures.

Nous rentrâmes dans la maison, et
bientôt après j'entendis la voix haute
et criarde de l'hôtesse, lui reprochant
avec aigreur, de faire le monsieur en
ayant formé une liaison avec moi; je
le vis ensuite fumant dans le jardin,
avec l'air aussi tranquille que si la
plus douce union eut régné dans
son ménage.

A l'heure convenue, il monta chez
moi, et pour me faire honneur, il
avait endossé l'uniforme qu'il avoit
quitté avec tant de regret. Les bou-

cles d'argent aux souliers, les bas blancs, la culotte de nankin, la queue accompagnée de deux tresses d'ordonnance, tout y était, et ce fut avec un plaisir véritable, que j'accueillis l'un des défenseurs mutilés de mon pays Une servante et mon domestique nous servaient, ce qui n'empêchait pas madame Minet de monter à chaque instant, sous le prétexte de voir si rien ne me manquait, mais dans le fait, pour se donner la petite jouissance de dire quelques mots désobligeants à son pacifique époux, qui continuait avec moi ses descriptions de batailles, comme si nous eussions été seuls. Je n'avais pu me décider à engager son irascible moitié à être des nôtres, ce qui l'avait extrêmement blessée, et parut convenir à *Joli-*

Cœur, il était gai, et causeur comme un soldat qui a beaucoup voyagé; il me divertit fort en me contant une foule d'anecdotes trop militaires, mesdames, pour vous être redites.

Cet honnête garçon, en apprenant que j'étais *lié* avec MM. Étienne de Choiseul, Louis de Périgord, Alfred de Lameth, (1) de Coigni, de Tammay, de Brac, Voirol, Le Couteulx, Jacobi, etc., qui se battaient tous si bien, me témoigna une affection

---

(1) Les trois premiers de ces jeunes gens, remarquables par leurs charmantes figures, leur beau nom, les qualités de leur cœur, et leur bravoure chevaleresque périrent au champ d'honneur, dans le courant de la même année, ils furent également regrettés de leurs camarades, dont

sincère, car répétait-il en remplissant son verre, à chaque nom que je prononçais, l'ami de ces braves officiers, ne peut être qu'un honnête homme, *quoiqu'il ne soit pas militaire.* Oh! quels bons officiers, monsieur, que ces jeunes gens; on les trouvait jolis quand ils fringuaient dans un salon n'est-ce pas? Mais c'est au feu qu'il fallait les voir; c'est là qu'ils étaient beaux, tous noirs de poussière et de poudre.

---

ils étaient l'exemple, des soldats surs de trouver près d'eux appui et protection, de leurs chefs qui n'eurent jamais qu'à s'applaudir de leur noble conduite, et enfin de toute la société, dont ils faisaient le charme, par une gaîté et une amabilité inaltérables.

Depuis ce moment Joli-Cœur, devint mon inséparable; ses attentions continuelles, ses soins attentifs et prévenants, les récits énergiques des campagnes qu'il avait faites, et ses histoires un peu grivoises contribuèrent fort à améliorer ma santé, en me sortant de l'inertie dans laquelle j'étais plongé. Je me promenais appuyé sur son bras, nous parlions de guerre, des officiers que j'avais rencontrés sans être lié avec eux, et j'apprenais mille traits qui honoraient davantage notre armé toujours victorieuse.

Je reçus la visite de plusieurs de nos colonels blessés. Tous firent des politesses à *Joli-Cœur*; il en était touché; et redoublait de prévenance pour moi; enfin nous étions heu-

reux tous deux ; lui en adoucissant
mes souffrances, et moi en le conso-
lant des tracas d'un mariage qu'il
n'avait conclu que par délicatesse,
et qui me paraissait devoir empoi-
sonner le reste de sa vie.

J'avais retrouvé le sommeil,
mais j'étais souvent tourmenté par
des songes horribles, qui me réveil-
laient en sursaut, et me laissaient
une agitation nerveuse qui retardait
ma complète guérison. Une nuit je
vis en rève un grand homme pâle
et maigre, appuyé sur le pied de
mon lit. Ses yeux creux lançaient
des regards enflammés, qui sem-
blaient me bruler, ses lèvres livides
essayaient de prononcer des mots,
qui n'arrivaient jusqu'à moi que
comme des gémissemens sourds et

lamentables; et ses mains décharnées m'indiquaient une place de la chambre, où je crus voir du sang. Je me disais en dormant que cette apparition, n'était qu'un prestige de mon imagination, et l'effort que je fis pour toucher cet homme, me réveilla. Je regardai avec angoisse, je l'avoue, au pied de mon lit, et j'étais si troublé qu'en vérité je me figurai distinguer une clarté rougeâtre, à la place que ce fantôme avait occupée pendant mon affreux cauchemar. J'étais encore si faible, que cette émotion me rendit malade, et je fus obligé d'appeler mon domestique, pour qu'il me fit prendre une potion calmante; il me fut impossible de me rendormir, et je descendis au jardin dès qu'il fit jour. J'y restai jusqu'à ce que mon fidèle compagnon vint m'y rejoindre. Je lui contai mon songe, tient dit-il c'est caucasse, j'ai vu aussi un grand revenant qui me disait comme ça *vengeance*; et y criait si fort, que je suis sauté à bas du lit pour prendre mon briquet qui était au coin de la cheminée. Madame Minet m'a demandé ce que j'avais, et quand je le lui ai dit, elle est devenue si blême, que j'ai craint de la voir trépasser, les femmes c'est si faible !

Cette coïncidence, me troubla, et je ne pus m'empêcher de penser toute la journée à cette figure singulière qui m'était présente comme si elle eut été devant moi; ce fut avec une sorte d'effroi que je vis le soleil se coucher, et l'ombre remplacer le jour. Je gardai *Joli-Cœur* près de moi plus tard que de coutume, et sans vouloir me l'avouer; j'eprouvai un mouvement de terreur réelle, lorsque je restai seul. J'hésitai longtems avant de me coucher, mais enfin la fatigue appesantissant mes yeux, je me deshabillai et me mis au lit; pendant plus d'une heure, je ne m'endormis point, et je n'osais en quelque sorte remuer ni regarder autour de moi. Je vous avoue mesdames cette poltronnerie ridicule, parce qu'heureusement, ayant eu plusieurs affaires, dont j'ai eu le bonheur de me tirer avec l'approbation de quelques-uns de nos vieux généraux choisis par moi comme témoins, vous ne me croirez pas un lâche ; et serez convaincues qu'il fallait qu'il y eut quelque chose de surnaturel dans cette vision pour m'agiter à ce point. Pardonnez-moi cette petite apologie, nécessaire pour excuser des craintes que je n'explique pas plus que vous.

Après une heure d'insomnie d'autant plus insupportable que j'étais immobile dans mon lit, je finis par m'assoupir; aussitôt cette même apparition s'offrit à moi, seulement la figure était entièrement décomposée, et représentait la mort avec ses plus hideux ravages. Une voix creuse et sépulchrale prononça distinctement ces mots, que j'entendis parfaitement malgré le bourdonnement causé dans mes oreilles par le sang qui se portait violemment à ma tête: «Je suis M. Trautmann, assassiné

» par ma femme; elle m'a jeté dans
» le puits du jardin, qu'elle a fait
» combler depuis. Je vous demande
» justice du crime, et des prières
» pour mon âme. »

Un cri effrayant s'échappa de ma poitrine oppressée, et fit accourir mon domestique, qui recula de surprise, en me trouvant pâle, couvert d'une sueur froide, et les regards fixés vers le pied du lit, avec l'expression de l'égarement le plus complet. Il essaya longtems de me faire expliquer sur les causes de cet état alarmant; ma langue était glacée, et je ne pouvais que lui serrer la main, pour lui prouver que je l'entendais. Cependant après avoir pris quelques gouttes d'éther et de *laudanum*, je me sentis mieux, mais je

ne voulus pas rester seul, et j'or-
donnai à Jean de passer le reste
de la nuit dans un fauteuil près
de mon lit. Il fut surpris d'une semblable bizarrerie, mais dévoué et
incapable de me faire une seule
observation, il m'obéit. Le reste de
la nuit se passa sans que je revisse
cette horrible image; et le *laudanum*
me plongea dans un repos léthargique
qui me fatigua beaucoup, mais me
préserva de nouveaux songes.

Je me sentais très-faible, ce qui ne
m'empêcha pas de me lever, voulant
absolument faire le tour du jardin,
et examiner si j'y verrais un *puits
comblé*. Je sortis de ma chambre,
et ayant trouvé *Joli-Cœur* au bas de
l'escalier, je l'emmenai avec moi. Je
le questionnai sur sa nuit; elle avait

été bonne; et il fut étonné de me voir attacher tant d'importance à son sommeil; je ne lui parlai pas de mon second rêve, et tout en causant, je me dirigeai vers le jardin, non sans regarder attentivement autour de moi, que devins-je en apercevant près d'un mur dégradé un beau puits comblé? Je tremblai, palis et balbutiai avec effroi quelques questions d'une voix presque inintelligible. — Comment a-t-on condamné ce puits, dans un lieu où l'eau est si rare? il me semble que c'était un grand avantage d'en avoir pour l'arrosement de ce potager.—Ma foi, je n'en sais trop rien, me répondit *Joli-Cœur*; j'en ai parlé une fois à ma femme qui m'a répondu avec humeur comme à son ordinaire : « Que cela ne me regardait

» pas; que l'eau apparemment était
» devenue mauvaise. »

Cet éclaircissement ne me suffit pas, et je commençai à concevoir des soupçons qui prenaient l'apparence d'une certitude, lorsque je me rappelais ce que madame Trautmann m'avait dit de la mort si prompte de son premier mari, et quand je réfléchissais à son caractère, et à l'animosité de ses voisins contre elle. Loin de redouter l'approche de la nuit, je la désirais ardemment maintenant, car je me promis si je revoyais ce qui m'avait effrayé précédemment, de faire une déposition chez le magistrat du lieu, que l'on vantait pour sa probité et sa justice; et à exiger que l'on fouillât ce puits que je n'avais aperçu que le matin même. Les voies de la providence sont si bizarres quelquefois, si impénétrables, que j'étais peut-être désigné par elle, comme devant punir la femme criminelle de *Joli-Cœur*; qui plus tard pouvait devenir sa victime. Contre mon habitude, je descendis dans la cuisine et nouai l'entretien avec mon hôtesse qui charmée d'une politesse à laquelle je ne l'avais pas accoutumée, fut fort aimable et très-grâcieuse. *Joli-Cœur* me regardait tout émerveillé d'une galanterie inusitée de ma part et de la douceur encore plus extraordinaire de sa moitié; après quelques propos insignifiants, j'abordai le sujet qui m'intéressait. A propos dis-je, expliquez-moi donc madame Minet, pourquoi vous avez fait combler le puits du jardin?

Cette question si simple changea´
tout-à-coup son humeur : « Encore ce
» maudit puits, murmura-t-elle, je
» ne sais ce que cela peut vous faire,
» monsieur? car je suis je crois mai-
» tresse chez moi d'agir comme il
» me convient. J'ai bouché ce puits,
» parce qu'un chien mort y ayant été
» jeté, l'eau est devenue si mauvaise
» et si infecte, qu'il a fallu renoncer
» à s'en servir, voilà tout le mystère,
» et il me semble que ce puits ne
» doit pas tant interloquer tout le
» monde. »—Et y a-t-il longtems que
ce chien mort y a été jeté? repris-je,
sans paraître remarquer son agitation
toujours croissante.— « Quinze mois
» environ; plus ou moins, est-ce que
» je sais moi? »

Convaincu de la vérité de la révélation faite par le Ciel pour atteindre une coupable ignorée, je ne voulus pas encore faire d'enquêtes, persuadé que la nuit suivante j'obtiendrais les éclaircissemens de ma mystérieuse visite, et je me couchai de bonne heure pour les recevoir plus promptement; le desir que j'éprouvais de recueillir tout ce qui pouvait me guider dans les démarches que je comptais faire, me tinrent éveillé; et mon impatience qui croissait de minute en minute, me força d'avaler de l'opium pour parvenir à trouver une sommeil factice, en attendant celui que la nature me refusait.

En effet, je vis comme je m'y étais attendu la même figure prendre sa place ordinaire, mais cette fois, sa physionomie était calme : « Je vous

» remercie de ce que vous avez l'in-
» tention de faire pour moi, dit M.
» Trautmann, vous pouvez agir en
» toute sécurité, *car je suis au fond*
» *du puits;* et vous rendrez service à
» mon successeur, en faisant punir
» *notre* femme, car dans peu de tems
» elle l'enverrait me rejoindre, pour
» s'emparer de ses économies, qu'elle
» croit fort augmentées par vos dons,
» et vous même ne seriez pas en sureté
» dans cette maison de meurtre.
» Lorsqu'on m'aura retiré d'où je
» suis, daignez faire dire une messe
» pour moi, et mes bénédictions
» vous suivront.» En finissant ce
discours prononcé lentement, d'une
voix douce, l'ombre s'évanouit, et je
ne vis plus rien.

Dès qu'il se fit dans la maison le

bruit qui m'annonçait que je trouverais tout le monde levé, et que je
pourrais sortir sans être remarqué,
je me rendis chez le bailli, auquel je
fis part de tout ce qui m'était arrivé
depuis que j'habitais cette auberge.
Cet homme respectable me dit que
dans toute autre occasion, il serait
impossible que la justice put agir
d'après des songes, excités peut-être
par une imagination faible et malade;
mais que des soupçons s'étant élevés
à l'époque de la mort de M. Trautmann, et la vindicte publique con-
tinuant à poursuivre sa veuve, il
croyait pouvoir prendre sur lui de
faire fouiller le puits, pourvu que
je m'engageasse à faire les frais de
cette opération, si elle n'aboutissait
à aucune découverte. Pour ne pas

faire tort à l'hôtesse dans le cas où elle serait innocente; et il devait dire qu'un autre puits voisin ayant aussi exhalé des miasmes infects, il devait pour la salubrité du faubourg, faire des perquisitions afin de découvrir la cause de ce phénomène; seulement il placerait à la porte de l'auberge, des hommes qui empêcheraient tout le monde de sortir, afin de ne pas laisser échapper madame Minet, si elle était coupable. Nous convînmes encore que je préviendrais doucement *Joli-Cœur* de ce qui allait avoir lieu. Je savais assez à quoi m'en tenir sur ses sentimens pour sa femme, pour être certain qu'il serait promptement consolé d'être séparé d'elle; et pour lui éviter le seul chagrin qu'il put avoir si la culpabilité était reconnue, je pensais aux moyens de la faire évader, pour qu'elle ne portât pas sa tête sur l'échafaud. Près de la frontière, avec de l'argent, la chose serait facile. Je connaissais intimement le préfet de Strasbourg, et je comptais le prier de la faire enfermer pour le reste de ses jours, dans la maison de correction où elle serait conduite sous bonne escorte.

Je rentrai à l'auberge, et avec tous les ménagemens possibles, j'annonçai à mon pauvre ami la visite du bailli. Loin de paraître étonné, il me dit que depuis quelque tems, il avait aussi des soupçons; que plusieurs mots échappés à madame Minet lui faisaient croire que le *grand luron* qu'il avait envoyé *ad patres*, avait été son complice, dans

ce crime épouvantable, dont j'avais obtenu une révélation miraculeuse. Souvent la nuit sa femme était tourmentée par des songes tellement effrayants, qu'elle ne pouvait de plusieurs jours reprendre sa tranquillité. Jamais elle ne voulait aller dans le jardin; une seule fois avant son mariage il l'y avait entraînée, et elle s'était trouvée mal en approchant du puits, ce qu'elle avait attribué à la chaleur. Je fis part à *Joli-Cœur* du plan concerté pour faire évader madame Minet; il fallait la laisser arrêter; il assura la réussite de mon projet, en m'apprenant qu'il connaissait beaucoup le geolier, ivrogne et avare, qu'il serait très-aisé de gagner. « Vous
» voudrez bien avancer l'argent né-

» cessaire à tout ce patricotage, me
» dit avec confiance mon brave
» soldat, et quand on aura vendu
» cette auberge qui m'est assurée,
» je vous rembourserai, je ne veux
» rien de cette vilaine femme, ainsi on
» lui donnera le surplus, pour qu'elle
» ait quelques petites douceurs dans
» sa prison. » Je promis de ne rien
négliger pour assurer son évasion, et
nous nous séparâmes.

Une heure après j'entendis un
grand bruit dans la maison, et je
devinai facilement l'arrivée du bailli.
la voix de madame Minet, dominait
tout, mais bientôt elle fut contrainte
au silence, ayant été conduite dans
un grenier, où on l'enferma. On
vint me chercher, pour que j'assis-
tasse au déblaiement du puits; le

cœur me battait et je me repentais presque de ce que j'avais fait, car ne doutant pas de la vérité de ce qui m'avait été communiqué d'une manière si singulière, je pensais que madame Minet convaincue de meurtre serait exposée à recevoir la mort si son évasion' échouait, et c'était moi qui la dénonçais. J'avais besoin pour me donner du courage de me rappeler les mots de M. Trautmann, concernant mon bon *Joli-Cœur*, qui d'après eux, me paraissait ménacé d'un danger réel, tant la superstition me donnait confiance dans l'ombre qui m'était apparue.

On se mit à débarrasser le puits de tout ce qui le comblait. *Joli-Cœur* immobile et défait fumait sa pipe chérie, appuyé sur un arbre. On eut pu le prendre pour une de ces statues coloriées de mauvais goût, qui gatent les jardins d'Allemagne, sans les soupirs profonds qui s'échappaient fréquemment de sa large poitrine; après un travail long et fatigant les ouvriers furent suffoqués par une odeur fétide sortant plus forte, à mesure que les pierres étaient enlevées: enfin lorsqu'ils furent parvenus à une certaine profondeur, ils découvrirent avec horreur un cadavre horriblement mutilé; mais dont les traits par un véritable miracle, n'étaient point entièrement défigurés, et firent reconnaître l'infortuné Trautmann... Un cri général d'indignation s'éleva, et mon pauvre *Joli-Cœur*, tomba rudement sur la terre en disant *la malheu-reuse porte mon nom.*

Je le fis transporter dans ma chambre pendant que l'on remplissait les formalités exigées par les circonstances. Je lui prodiguai les marques les plus tendres de mon attachement, et lui offris de me suivre en France, et de surveiller la petite terre, seul reste de mon ancienne fortune ; il accepta tout avec la plus vive reconnaissance, et nous arrêtâmes que nous partirions dès que nous aurions pourvu à la sureté de la coupable, et fait rendre les derniers devoirs à sa malheureuse victime. Je donnai des ordres pour que l'on célébrat un service simple pour M. Trautmann, et remis au curé l'argent des messes qui m'avaient été demandées.

Mon domestique entra précipitamment dans ma chambre pour nous apprendre une nouvelle qui nous causa un mouvement de pitié bien naturel. Madame Minet après avoir écrit avec du charbon sur la muraille du grenier un aveu complet de son crime, commis avec son ancien amant Fritz, tué par *Joli-Cœur*, déclarait laisser tout ce qu'elle possédait à ce dernier, et s'était étranglée, avec son mouchoir; quand on monta pour l'arrêter, elle n'existait plus!...

Voulant soustraire son époux infortuné à toutes les suites de cet événement, je demandai l'hospitalité pour quelques jours, à un de mes amis le colonel B*** logeant à Bade. Avec la sensibilité qui s'allie si bien dans un militaire à la bravoure et au sang-froid , il nous reçut, *Joli-Cœur* et moi , avec une bonté dont nous fûmes d'autant plus touchés que nous avions en quelque sorte besoin de nous raccommoder avec l'humanité. Nous restâmes environ quinze jours encore dans cette retraite embellie par les soins de l'amitié, et après avoir mis ordre aux affaires de *Joli-Cœur* nous prîmes la route de France. Il ne voulut rien garder de la fortune de sa femme; il apprit à force de recherches qu'elle avait une cousine pauvre et mère de famille, il lui fit passer six mille florins, reste de la succession , lorsqu'il eut scrupuleusement remboursé tout ce que j'avais avancé pour les deux enterremens.

Je l'ai établi en Franche-Comté
dans une petite gentilhommière
m'appartenant. Il a la haute main
sur mes gens ; trouve le moyen d'y
faire du bien avec le peu qu'il pos-
sède, et ce que je mets à sa disposition pour les infortunés ; et lorsque
je vais le voir, je le trouve heureux
autant que peut l'être un vieillard
qui a éprouvé de grands revers. Il
est estimé dans le pays, et entouré
de tous les égards qu'il mérite.

Voilà, mesdames, une histoire à
laquelle, je vous jure que je n'ai
rien ajouté et qui, tout incroyable
qu'elle paraisse, n'en est pas moins
exactement vraie (1). Maintenant je

____

(1) C'est M. le duc de Guines, mort il

crois que nous n'avons rien de mieux à faire que de prendre congé des habitans de Saint-Chéron, car il est

---

y a plusieurs années, qui raconta cette histoire chez ma mère ; il donna sa parole d'honneur qu'elle était vraie dans tous ses détails, et qu'il en était le héros. C'est en voyageant en Allemagne pour se rendre en Prusse, qu'un assassinat lui fut révélé d'une manière si extraordinaire. M. de Guines était un homme incapable de jurer une chose fausse ; ainsi, dans cette occasion, comme dans beaucoup d'autres, il faut bien croire ce qui surpasse notre faible intelligence ; on connaît d'ailleurs plusieurs autres *visions* aussi singulières, que l'on ne révoque point en doute, celles de MM. de Rambouillet, de Jaucourt, et surtout la célèbre aventure du marquis de C *** qui, ayant tué un ami en duel à la suite d'une querelle, se figurait voir toujours voltiger autour de lui une tête de mort. Affligé de ce que l'on croyait

près de dix heures, et nos excellents hôtes pourraient être inquiets de notre absence prolongée.

Nous étions tous si frappés de ce que nous venions d'entendre que nous ne bougions pas, et que nous ne levions pas les yeux de peur de

---

l'effet d'une imagination déréglée, on eut l'idée de suspendre en effet dans sa chambre, une véritable tête de mort, et de convenir ensuite de ce que l'on avait fait pour le désabuser ; grand Dieu, s'écria-t-il, en entrant dans la pièce où était préparée cette scène funèbre : *maintenant j'en vois deux.* Il était donc évident que la *première* lui apparaissait en effet, comme un juste châtiment de la mort de son ami.

L'abbé Delille a pris cette idée, qu'il a rendue plus intéressante encore dans son poème de *l'Imagination*, en la traitant avec son talent si touchant, dans un épisode fort intéressant.

voir quelque figure blanche se dessi-
nant dans l'ombre, produite par les
excavations, des roches. Personne ne
disait un mot, et ces demoiselles se
serraient les unes contre les autres,
sans se communiquer comme de coutume leurs réflexions sur l'histoire
qu'elles venaient d'écouter.

M. de Réville fut contrarié de l'attention soutenue qu'avait excité M.
de Mairan ; et suivant son habitude,
il chercha à critiquer ce qui paraissait
nous avoir plu. Ce qui m'étonne davantage, dit-il, dans la narration de
Mairan ; ce n'est pas le merveilleux
de ses apparitions, mais l'espèce d'enthousiasme que j'y ai remarqué pour
Napoléon et les officiers de son
armée.—Je ne vois pas ce qui peut
vous surprendre dans une chose si

naturelle. J'ai en horreur tous les mouvemens populaires, parce qu'ils entraînent après eux des désastres dont la révolution nous a appris à connaître toutes les conséquences ; rentré en 1801, j'ai admiré de bonne foi les grandes actions et les conceptions du génie de Bonaparte. La France sous son règne s'aggrandit et éblouit l'Europe par une splendeur qui parut plus brillante encore après le deuil dans lequel avait été plongé notre pays; et tout en pensant que des conquêtes continuelles, qui faisaient couler le sang de nos concitoyens, n'étaient pas le bonheur je m'identifiais avec nos victoires , et je regrettais presque que ma jeunesse ne se fut point écoulée sous ces tentes d'où sortirent tant d'illustrations. Ayant perdu l'espoir de revoir les princes, que je n'avais quittés que pour fermer les yeux de ma pauvre mère qui m'appelait près d'elle, je préférais Napoléon à tout autre gouvernement; son renversement me rendit les objets de mes affections, qui pendant seize ans ne s'occupèrent qu'à réparer par une paix solide ce qu'une longue guerre nous avait coûté. La tranquillité et la prospérité de ma patrie succédèrent à sa gloire; et je désirais, je l'avoue, que cet état paisible se prolongeât. Voilà ma profession de foi, qui, je le pense, aura l'approbation de tous les gens raisonnables. Au reste, mon cher Réville, je ne vous prie pas de penser comme moi. Vous aimez le changement; moi, quand je suis bien, je veux rester comme je suis.. Lequel de nous est le plus sensé et le plus facile à satisfaire ?

M. de Réville répliqua quelques mots un peu aigres, madame de Sainval, toujours bonne, détourna la conversation en la reportant sur l'histoire de *Joli-Cœur*, qui, dit-elle, l'avait fort intéressée.

CHAPITRE X.

Histoire racontée par M. de Réville. — M. d'Ar-
cambal. — Le duc de Choiseul, colonel au
service d'Autriche. — Madame Eusèbe de
Salverte. — M. le comte de Fleurieu. —
MM. Butini et Coindet, médecins célèbres de
Genève.

Savez-vous, mesdames, que Mairan
doit être très-fier de l'effet qu'il a
produit sur vous? dit M. de Réville.

Le silence de terreur qui a suivi son récit est l'éloge le plus flatteur qu'il ait pu recevoir; et si je ne l'avais pas interrompu, je ne sais si vous eussiez retrouvé la parole; heureusement je suis moins pénétré du surnaturel de son histoire, et je me sens en train de vous raconter une petite aventure qui m'est arrivée en Italie, dans le village de *Calcinato*, qui se trouve à quelques lieues de Brescia.

J'y arrivai extrêmement fatigué d'avoir passé plusieurs nuits en voiture; et je ne me sentis pas la force de poursuivre ma route. Je fis arrêter ma chaise de poste devant la maison la plus apparente du lieu, pensant que c'était une auberge, et telle mauvaise qu'elle fut, j'étais déterminé à m'y trouver bien, pourvu qu'il y eut un matelas sur lequel je pusse reposer. Le postillon frappa à la porte; une vieille femme décrépite, vint en grondant, jusqu'à la voiture, me demander ce que je voulais. — Une chambre où je puisse passer la nuit. — Comment une chambre! Est-ce que vous prenez ma maison pour une auberge? — Sûrement. —Eh bien! Apprenez dit-elle en se redressant, que c'est la maison du docteur Caretti, mon mari. — Oh! quel bonheur, répondis-je; c'est précisément lui que je venais consulter, madame, je suis si malade qu'il est indispensable qu'il me loge, car je viens de loin et je le payerai bien.

Ce mensonge me parut plaisant,

parce que j'avais deviné à la mine importante de madame Caretti, qu'elle y ajouterait une foi entière, et que cet amour-propre excessif lui étant suggéré par son mari, je serais chez eux d'une manière moins ennuyeuse que dans une mauvaise auberge. La vieille femme sourit à la promesse de ma générosité, mais elle me dit ne pouvoir prendre sur elle d'introduire des étrangers sans la permission du docteur; qu'en attendant son retour, elle me priait de descendre, et qu'elle m'offrirait tout ce que je désirerais. La chaleur étant excessive, je regardai comme un véritable bonheur de pouvoir m'y soustraire, et je me réjouis de trouver quelques rafraichissemens dont j'avais un si grand besoin.

J'envoyai le postillon et mon domestique dans le village, et j'entrai chez madame Caretti, qui s'empressa à me faire les honneurs d'une habitation qui me parut être fort en désordre. Il n'y avait point de domestiques, et tout était si sale et si mal tenu que je regrettai d'avoir demandé à y rester. Pour comble de disgrâce, il fut impossible de me procurer autre chose à boire qu'un verre d'une eau trouble, purifiée par quelques gouttes de vinaigre. Après trois heures d'une conversation qui m'excédait, me trouvant tête-à-tête avec la femme du monde la plus bavarde et la plus commune, j'eus enfin le bonheur de voir entrer mon hôte. Avec une volubilité extrême, madame Caretti lui conta comment je me trouvais chez lui, et elle appuya fort sur ma promesse de le bien payer. M. Caretti, petit, bossu, laid et roux, écoutait d'un air réfléchi le flux de paroles de sa femme, et ne voulant pas paraître satisfait, ni surtout étonné de ce que je fusse venu de loin pour le consulter, il fit quelques observations sur la difficulté de me loger; mais elles furent toutes levées par sa compagne empressée de ne jamais lui laisser achever une phrase. J'annonçai d'ailleurs qu'après avoir eu une consultation détaillée, je partirais le lendemain de grand matin. Madame Caretti dit quelques mots à l'oreille de son mari, qui parurent le décider à m'accorder ma demande; alors s'approchant de moi avec toute la gravité que lui prescrivait sa profession , il se saisit de mon poulx ; et après avoir examiné ma langue, mes yeux, mon teint, il déclara solennellement que ma maladie venait d'épuisement causé sans doute par le régime sévère, que des confrères ignorants m'avaient prescrit ; qu'il pensait qu'avant tout il fallait me faire faire un repas abondant et sain ; que cependant, il était d'usage *chez lui*, que les malades payassent d'avance, parce qu'il avait été dupe plusieurs fois de sa confiance. Je m'amusai fort de cette manière de s'assurer un bon dîner à mes dépens, plaisir que ce pauvre homme me paraissait n'avoir pas éprouvé depuis longtems, et je ne crus pas pouvoir trop payer celui que j'éprouvais à le voir m'aider à me guérir, en lui mettant dans la main quatre ducats. Il s'excusa d'être forcé d'agir avec cette prudence, et m'assura que ce n'était pas qu'il eut besoin de cet argent, mais que sa générosité avait été si fréquemment mal placée, qu'il s'était imposé la loi de faire toujours d'avance ses conventions. J'eus l'air de croire tout ce qu'il me disait, je lui fis mille complimens sur sa réputation méritée, sur l'esprit de sa femme, et je le mis en si belle humeur, qu'il voulut chercher à me persuader de rester quinze jours chez lui, pour rétablir entièrement une santé qui lui paraissait en fort mauvais état; je mis en avant de si bonnes raisons pour repousser cette offre séduisante, que tout en refusant, je ne le désobligeai pas.

La ménagère après avoir fait un peu de toilette sortit de la maison un grand panier sous le bras; nous la vîmes arrêtée par une foule de commères auxquelles elle racontait, avec sa vivacité ordinaire, tous les détails de ce qui s'était passé entre nous. Son mari impatienté de la voir tant tarder à faire les emplettes nécessaires à ce diner dont il jouissait d'avance, se mit à la fenêtre; et sortant de son flegme accoutumé lui lança un déluge de sottises, qui excitèrent la gaité de toutes ces femmes assemblées devant la maison. Tout en murmurant contre la tyrannie des hommes, madame Caretti se dirigea vers le village; elle y fut long-tems, recommençant propablement son récit, et elle

eut à essuyer en rentrant une nouvelle explosion de la colère de son
époux, qui pour arriver plus vite
au moment si ardemment désiré
par lui, oublia la dignité de sa
profession, ôta son habit de velours
rouge rapé, retroussa ses manches
de chemise et s'offrit comme aide
de cuisine. Il me demanda pardon
de me laisser seul et me remit, pour
me consoler de son absence, un volume dépareillé du Tasse qui me parut
le seul livre qui se trouvat chez lui,
M. Caretti me parut gratifié par sa
femme d'un titre qui ne lui appartenait guères, celui de barbier lui con-
venait mieux, car entrouvant une
petite armoire pratiquée dans le mur
pour y prendre quelque chose dont
il avait besoin, il découvrit à mes

yeux, une trousse de chirurgien, plusieurs paires de rasoirs, un plat à barbe, quelques savonnettes, une boite à poudre et une pile de serviettes, attendant probablement les pratiques.

Je m'endormis promptement en parcourant ce volume du Tasse que je savais par cœur, et me mis à ronfler d'une manière si bruyante que j'ennuyai mon hotesse, qui d'une voix glapissante me cria aux oreilles que le diner était servi; le mari me secouait fortement pour me décider à me lever et me faire entrer dans une petite pièce obscure, décorée du nom de salle à manger. J'y vis avec plaisir une table servie assez proprement, ayant un appétit égal à celui du docteur, je m'apprêtais à le satisfaire, mais hélas, à peine eus-je goûté à chacun des mets préparés par le ménage, que je me résignai à ne manger que quelques fruits; tout était saupoudré avec une extrême profusion de fromage que je déteste, et tellement épicé que j'en avais la bouche emportée. Ne voulant bas désobliger ces braves gens, je mis sur le compte de ma maladie imaginaire, le dégoût que m'inspirait tout ce qui m'était offert. Les machoires de me hôtes agissaient avec une promptitude si comique, que je fus dédommagé de ma diète forcée, et je me trouvai heureux d'avoir pu procurer une jouissance aussi vive aux deux vieillards ; ils ne disaient pas un mot, mais mangeaient à qui mieux mieux ; je leur tenais compagnie en faisant disparaître quelques grappes d'un excellent raisin, et plusieurs figues, si délicieuses en Italie. Le diner fut long. Ce ne fut qu'au bout d'une heure que la conversation s'engagea ; il fallut écouter une énumération prolongée des cures miraculeuses opérées par M. Caretti; il cherchait à m'éblouir au point de me décider à rester près de lui, pour recevoir ses bons soins; enfin le bruit monotone de ces discours non interrompus et la fatigue que j'éprouvais me firent une seconde fois sentir impérieusement le besoin du sommeil, ce fut avec une telle force que je demandai à me retirer dans la chambre qui m'était destinée. Il y eut un colloque secret entre le mari et la femme après lequel le premier sortit pour achever de préparer mon logement. Pendant ce tems j'eus encore à supporter le babil immodéré de madame Caretti, qui me conta toutes les histoires scandaleuses des environs. Mon envie de dormir redoublait malgré mes efforts pour la combattre, et je fus charmé que le docteur vint m'apprendre qu'il allait me conduire près d'un bon lit, dans lequel je trouverais le repos le plus doux. Je n'en doutai pas étant vraiment harassé.

J'entrai dans une chambre assez grande, elle n'avait pour tous meubles, qu'un énorme lit très-élevé, une grande table (sur laquelle était posée ma boite de pistolets) et deux chaises. Tout me parut bien en songeant que j'allais enfin être débarrassé de ce bavardage qui m'étourdissait depuis plusieurs heures. Je souhaitai le bonsoir le plus cordial à mes hôtes, et les congédiai avec empressement.

J'écrivais tous les soirs une espèce de journal de mon voyage, et ne me couchais qu'après avoir augmenté de quelques lignes ce cahier qui devait être remis à ma mère suivant ses désirs. L'idée de lui prouver ainsi que je m'occupais d'elle me faisait oublier ma lassitude; et pendant trois ans, je ne manquai jamais, à ce que je regardais comme un devoir qu'il m'était doux de remplir. Après avoir détaillé toutes les mésaventures de la journée, je me mis au lit, j'éteignis ma lumière, et je m'endormis.

Je fus réveillé un instant après par un mouvement assez fort imprimé à mon traversin, et je crus entendre un soupir. Assis sur mon séant, les yeux ouverts avec excès, j'écoutai avec une sorte de saisissement!... Le calme le plus complet régnait autour de moi. Je pensai qu'un rêve m'avait abusé, et je cherchai à me rendormir en m'étendant; à peine ma tête touchait à mon oreiller, qu'un mouvement plus marqué me fit glisser, et un soupir très-distinct me causa un battement de cœur assez violent. Je me jetai à bas de mon lit, et cherchant à tâtons mes pistolets, je m'élancai vers la porte, en appelant de toutes.

mes forces M. et madame Caretti, pour savoir d'eux ce qui pouvait occasioner ce qui venait de se passer. Ils me répondirent après plusieurs interpellations, j'entendis la femme battre le briquet, il s'écoula plusieurs minutes qui me parurent de vrais siècles, avant qu'ils fussent montés près de moi : — Qu'avez-vous, monsieur, pour faire un tel tapage ? dit en clignant ses petits yeux mon hôtesse, effroyable sous son sale costume de nuit, et très-effrayée du mien et de mes armes. — Ce qu'il a, répliqua flegmatiquement le mari, ce qu'il a ? un bon accès de fièvre chaude ; je l'avais prévu, ma chérie, rassure-toi, ce ne sera rien, vas chercher de l'eau et du vinaigre pour....—Vous radotez absolument, docteur; je n'ai ni fièvre ni délire, mais quelqu'un se plaint dans ma chambre, et comme mon lit a éprouvé plusieurs secousses, je présume qu'un voleur blessé s'est caché dessous, et qu'il n'en peut sortir. Voilà pourquoi je vous ai appelés, afin d'avoir de la lumière et main-forte, pour m'emparer de ce coquin, qu'il faut cependant secourir. Voilà pourquoi je tiens fermée la porte de ma chambre, pourquoi enfin j'ai mes pistolets; cela est-il clair?

Je fus frappé de la pâleur subite qui se répandit sur les figures de mes hôtes et de leur silence auquel ils ne m'avaient point accoutumé. Ils me regardaient effarés, ne bougeaient pas de leur place, et tremblaient de

tous leurs membres. Qu'est-ceci? m'é-
criai-je, en faisant un pas vers eux,
suis-je doncinintelligible, nem'enten-
dez-vous pas?— Oh! monsieur, que
trop; nous méritons votre colère; mais
hélas! comment s'attendre à un évè
nement si extraordinaire? Nous ne
pouvions imaginer une pareille chose
en vérité, et tous les saints et la ma-
done savent que nous le croyions
bien mort.—Mort! misérables! mais
qui donc? Volez à son secours, lâches
assassins. Mort! grand Dieu! Je suis
dans un coupe-gorge. J'ai des armes
et je vendrai chèrement ma vie; mais
avant tout venez secourir votre victime. — Vous êtes dans l'erreur,
monsieur; nous sommes d'honnêtes
gens. Ce mort, qui est sous votre lit
dans un panier, est un pendu, que

nous avons acheté pour le disséquer demain, aidé par un confrère que j'ai été avertir. Je n'ai pas voulu vous le dire, de peur de vous empêcher de vous arrêter ici; il paraît que le pendu ne l'a été qu'à moitié, je vais chercher ma lancette et reviens à l'instant.

La colère me suffoquait; l'idée d'avoir couché sur ce corps, que le poids du mien accablait, m'était insupportable. Ce malheureux pouvait expirer pendant cette conversation, j'étais sur les épines. Caretti revint, et me précéda dans la chambre, il tira le panier, et nous y vîmes étendu, mort et glacé, le criminel qui devait servir à l'instruction des fraters. Ce ne pouvait donc être lui qui avait soupiré ; et je conçus mille soupçons-

sur les soupirs entendus; il me paraissait certain que j'étais destiné à une aventure tragique; aussi m'emparant de mon second pistolet, j'en dirigeai le canon vers les deux époux, en leur intimant l'ordre d'abord d'emporter sur le pallier ce malheureux qui, même après sa mort, ne pouvait être respecté, et de revenir ensuite m'aider à rouler mon lit au milieu de la chambre, afin de découvrir - la personne que je supposais prête à expirer. Tout s'exécuta comme je l'avais prescrit, et nous ne trouvâmes rien qui pût expliquer les plaintes que javais bien positivement entendues; nous allions remettre le lit en place, quand le traversin s'agitant avec plus de violence que jamais, finit par rouler par terre, et découvrit à nos regards effarés.... *un grand chat noir*, faisant gros dos, dont nous venions de troubler la nuit, et que j'étouffais chaque fois que je m'appuyais sur lui.

Voilà, mesdames, un dénoûment qui vous fait oublier celui si terrible de l'histoire de Mairan, n'est-ce pas? C'est ce que je voulais. Pardonnez-moi une petite mistification que vous prenez au reste comme je le désirais, continua monsieur de Réville, en nous entendant tous rire aux éclats de la fin d'un récit dont le commencement nous promettait des émotions si différentes; il fallait pour ces demoiselles surtout détruire les images effrayantes, qui les eussent suivies jusqu'au bas de la montagne; j'ai atteint le but que je m'étais proposé.

Maintenant je ne crains plus de les voir terrifiées au bruit d'une feuille se détachant d'un arbre, ou au craquement de quelque caillou, et elles ôseront regarder autour d'elles, sachant que leurs chevaliers sont là pour repousser tout ce qui pourrait survenir de merveilleux. Je ne suis pas si crédule que mon bon Mairan, et je suis persuadé que tout peut s'expliquer; c'est ainsi que je resterai convaincu que son imagination était pour beaucoup dans ses *visions* qu'il se sera persuadé avoir eues, et qu'il nous raconte maintenant avec la croyance la plus intime. Son puits aura exhalé quelque mauvaise odeur qui aura fait naître ses soupçons, et l'aura amené à la découverte du crime commis. Croyez-moi, mesdemoiselles, il y a dans ce qui est surnaturel un peu de mon *chat noir* (1).

M. de Mairan, avec sa douceur ordinaire, ne répondit rien et rit avec nous. Nous remerciâmes nos deux

---

(1) M. d'Arcambal, officier dans la légion que commandait M. le duc de Choiseul, au service d'Autriche pendant l'émigration, fut le *héros* de l'histoire racontée par M. de Réville; il était frère de madame Eusèbe de Salverte, qui avait épousé en premières noces le célèbre M. de Fleurieu, qui fut ministre de la marine sous le consulat. M. d'Arcambal était un homme aussi bon et aussi brave que sa sœur était spirituelle. Tous deux sont morts loin de leur patrie : l'un en Sicile où il occupait une place près de Ferdinand, roi de Naples; madame de Salverte a succombé à Genève, où elle s'était rendue pour consulter MM. Butini et Coindet, médecins fort distingués.

narrateurs, et comme il était tard, il fallut décidément se séparer afin de ne point inquiéter la bonne mère Jacques qui, avec sa sollicitude continuelle pour son prochain, croirait à un nouvel accident. Je ne pus me décider à laisser ma fille retourner à Saint-Chéron, à cette heure, et je la ramenai avec moi à la ferme; on se moqua avec raison de mes terreurs de mère; madame de Sainval seule me comprit en pensant à Inès.

M. de Saint-Sêves enchanté de la journée qu'il venait de passer, voulut la voir se renouveler ; et proposa pour le lendemain de nous lire un vieux manuscrit qu'il avait trouvé dans la belle bibliothèque *du Marais;* et qui revêtu de l'authenticité que donne le tems,

nous ferait tous *frémir* admirable-
ment. Il fut donc convenu que nous
serions réunis le jour suivant à cinq
heures... Les adieux de nos jeunes
personnes en furent moins pénibles.
Il faut si peu de chose à seize ans
pour affliger ou consoler !

En nous couchant, ma fille et moi,
nous étions persuadées que, la tête
remplie du récit de M. de Mairan ,
nous aurions aussi le lendemain
quelque belle histoire à raconter à
nos amis ; mais étant très-fatiguées
nous nous endormîmes promptement
et très-profondément; et nous eûmes
la honte de convenir à notre réveil,
que nous n'étions point du nombre
des prédestinées choisies pour les
choses merveilleuses.

CHAPITRE XI.

Mes Concerts. — Raisons qui me déterminent à les donner. — Madame la maréchale Gérard, ma cousine. — Anecdote sur feu monseigneur le duc d'Orléans. — Malheur qui lui arrive à la chasse. — Les généraux Merlin et Rabusson. — Leurs femmes. — Mesdames Foy, Perrier, de Laval, de Girardin, de Broglie, Carvalho, de Kergorlay, de Courbonne, Grabswzka, et de Brian, etc. — MM. de Larochefoucault, de Périgord, de Noailles, de Richelieu, Daure, de Bellune, Tarente, Cottier, Kesner, de Duras, etc. — Obligeance des artistes à mon égard. — Impolitesse de madame la comtesse de Rumfort. — Lésinerie des ministres envers les artistes. — Société de Versailles. — Mesdames Emilie Doumerc, de Saint-Aulaire, de Sancillon et de Fuller. — MM. de Pronville et de Récourt.

M. de Sainval allait de mieux en mieux, et sa charmante femme qui depuis plusieurs jours faisait très-peu d'exercice, étant presque toujours près de son lit, me proposa d'aller à *Bruyère-le-Chatel* et à *Báville*, afin que j'eusse une idée des environs des lieux où ma complaisance, disait-elle, m'avait retenue si longtems. La mère Jacques qui avait donné l'idée de cette course, nous procura des ânes retenus dans le village, et nous partîmes, armées de branches de noisetiers qui devaient animer la vigueur de nos très-pacifiques montures. Au reste, MM. de Réville, de Mairan et de Saint-Sêves nous suivant à pied, nous nous consolions de notre modeste allure, puisque nous pouvions profiter de leur conversation. M. de Réville s'était déclaré mon chevalier, et il me dit qu'il regrettait de n'avoir point été à Paris lorsque j'y avais donné mes concerts, et qu'il aurait eu un grand plaisir à joindre ses encouragemens à ceux qui m'avaient été prodigués.—Mais ajouta-t-il, en me regardant avec cet air sardonique qu'il quitte rarement, je suis étonné, madame, que vous prodiguiez un talent, dont une femme ne doit charmer que ses amis. —Comment monsieur, répondis-je, un peu émue, pensez-vous donc que ce soit pour *m'amuser* que je parais en public? — Du moins on me l'a assuré. — Eh bien on vous à trompé, n'ayant aucune fortune, je dois faire tous les sacrifices imaginables pour donner à ma fille une éducation qui la mette à même d'acquérir des talens véritables; ils seront pour elle une ressource, comme la littérature en fut une pour moi; cette branche d'industrie étant maintenant dans un état de stagnation presque générale, il a fallu à peu-près y renoncer, malgré des débuts heureux; c'est alors, monsieur, et *seulement alors*, que je me suis décidée à ce qui pouvait me couter le plus : à me mettre en évidence personnelle, en donnant des concerts. — Vous êtes proche parente de madame la maréchale Gérard? —Je suis la cousine germaine de sa mère. — Vous êtes donc brouillées? — Nullement, ces dames au contraire sont parfaitement bonnes pour moi, et ce n'est qu'après les avoir consultées, et en avoir obtenu des réponses (que je conserve) par lesquelles elles m'approuvent de prendre un parti honorable, que je m'y suis résolue. — Comment n'ont-elles pas sollicité pour vous, de la bonté du roi, une pension, à laquelle vous aviez quelques droits, étant fille de l'ancien chancelier de la maison d'Orléans, et nièce de madame de Genlis, *gouverneur* du roi? — Elles ont eu la bonté de le faire à plusieurs reprises, mais tant de demandes étaient adressées, que celle qui me concernait aura été confondue avec les autres. J'ai une rente viagère de deux mille livres, payable au Palais-Royal; c'est une reversion de celle accordée à mon père, en 1818, par suite d'une réduction, à laquelle il avait consenti, sur une réclamation importante qu'il avait à faire à la succession d'Orléans.

Cette affaire fut ainsi terminée, pour éviter un procès que mon père eut été désolé d'intenter au fils de son bienfaiteur (1). Un arrangement

---

(1) Feu monseigneur le duc d'Orléans, non seulement combla mon père de bienfaits, en retour de services importants rendus par lui à la maison de S. A. S., mais il le traita avec une confiance et une amitié dont le souvenir ne s'est pas même effacé, après des procédés différents, à l'époque de la révolution ; les conseils sages et fermes furent regardés alors par le prince comme de véritables hostilités ; et la plus noire ingratitude lui parut avoir dicté des prédictions qui malheureusement se sont depuis vérifiées ; il méconnut les intentions d'un serviteur fidèle qui lui disait la vérité, et accueillit les avis les plus perfides.

Ce prince que l'on voulut pousser à se déclarer le chef de l'état, avait une véritable aversion pour les affaires, et plus

même onéreux lui parut préférable,
il le conclut; et mes deux mille francs
ne sont donc point une faveur que

---

qu'un autre, il avait besoin d'avoir à la tête
des siennes un homme qui les entendit , et
fut d'une probité reconnue. C'est ce qu'il
trouva dans mon père, auquel ses ennemis
mêmes rendaient cette justice ; il fallait
que tout ce qu'il proposait à S. A. S. fut
expliqué par écrit dans un petit nombre
de lignes ; s'il était obligé de tourner la
page il ne lisait pas , parce que cela *l'en-
nuyait,* disait-il ; on laissait une grande
marge, sur laquelle en peu de mots, il ins-
crivait ses observations , son refus ou son
consentement.

Un jour mon père lui proposa de cette
manière, de donner dans ses bureaux une
place assez importante à un homme fort
capable de la remplir, puisqu'il en avait
déjà occupé une dans une autre compta-
bilité étendue ; mon père ajoutait qu'il
croyait ne devoir pas cacher que ce can-

je reçois de la cour actuelle, mais bien l'acquittement d'une dette que l'on me paye. — Je ne conçois pas

---

didat était frère d'une personne avec laquelle il avait des liaisons intimes depuis plusieurs années, mais qu'il était au moment de rompre, sans quoi il n'eut pas présenté cet homme au choix de S. A. S.

Monseigneur le duc d'Orléans écrivit en marge de cette demande : « *La place est accordée, mais ne rompez pas* ».

C'est avec cette légèreté qu'il agissait dans les choses les plus graves. Il ne refusa jamais sa protection aux artistes et aux gens de lettres auxquels il fit des pensions très - considérables pour ce tems. Tout ce qui était grand et généreux était accueilli par lui sans réflexion ; ce qui fait déplorer qu'un entourage funeste ait paralisé de véritables qualités et l'ait conduit à sa perte!..... Ce sont ceux qui ont aigri son caractère, et corrompu son cœur qu'il faut accuser de tous ses maux et des nôtres.

que votre tante, madame de Genlis,
n'ait point fait en votre faveur quelques démarches, lors de l'avènement
au trône de son élève. — Elle était
parfaite pour moi, et me témoignait
depuis mon enfance un extrême
attachement, ce qui m'a empêchée
de m'arrêter à l'idée de la perdre, et
conséquemment de lui faire entendre
de s'occuper de moi dans un testament, dont la pensée seule m'était
pénible. Elle savait que j'avais adopté
un moyen d'améliorer mon sort; et

Le prince qui, aimant passionément
la chasse, et ayant eu le malheur d'y bles-
ser un garde, ne toucha jamais un fusil
depuis cet évènement, ne devait point
laisser une mémoire si cruellement déchirée !....

c'est sans doute pour ne pas fatiguer son royal élève de demandes, qu'il a accordées pour deux de ses enfans d'adoption, qu'elle ne m'aura pas recommandée à lui dans ce dernier écrit; mais avant sa mort, elle a adressé pour moi plusieurs lettres très-pressantes, qui se seront perdues, puisqu'elles n'ont pas obtenu de réponse. S. M. Louis-Philippe, et la princesse sa sœur, m'ont témoigné plusieurs fois un intérêt dont je suis très-reconnaissante. Sachant que des événemens indépendants de ma volonté, me mettaient dans de grands embarras pécuniaires, ils m'ont envoyé plusieurs fois des preuves de leur bienveillance (1), ils ont pris

---

(1) Dernièrement encore, victime d'une

un grand nombre de billets pour mes concerts, et j'ose croire qu'ils n'abandonneraient pas ma fille, si elle avait le malheur de me perdre, et de rester seule au monde sans fortune et sans appui. Que puis-je demander de plus? puisque l'élite de la

mauvaise foi insigne, j'ai été obligée de payer une dette qui était celle d'un autre. Je n'aurais pu y parvenir si le roi n'avait consenti à me faire une avance assez considérable sur ma pension. Comme elle est *viagère*, c'est un véritable bienfait, puisque je pourrais mourir d'ici à l'époque où je serai quitte envers sa majesté; aussi lui dois-je une profonde reconnaissance.

Dans les négociations relatives à cette affaire, j'ai eu à me louer extrêmement de M. Jamet, trésorier général, et de M. Oudard, chef du secrétariat du roi, qui, tous deux, ont été aussi polis qu'obligeants.

société a bien voulu me prendre sous sa protection, en encourageant mes essais en musique; que l'obligeance des artistes a applani ce que ma nouvelle carrière avait de plus pénible, je suis résignée à mon sort; et l'idée du doux devoir que je remplis, me donnera toute la force dont j'aurai besoin. Je suis touchée de ce que le roi a bien voulu faire pour moi, ainsi que sa sœur, toutes les fois que je me suis adressée directement à eux; j'ai reçu de mes cousines quelques services, dont je garde le souvenir au fond de mon cœur; et l'intérêt général que l'on m'a témoigné achève de m'ôter le droit de me plaindre de ma destinée. Il faudrait me vouloir bien du mal pour chercher à me désabuser à cet égard,

— Enfin, vous voilà décidément femme de lettres et artiste!—Il le faut bien; tant que ma fille aura besoin que je travaille pour elle, je le ferai. — On m'a dit que dernièrement plusieurs de vos amis avaient été mal pour vous. — C'est encore une erreur, monsieur, non-seulement ils ont été tous parfaits pour moi; mais encore des personnes que j'avais perdues de vue par diverses raisons, ont été d'une bonté parfaite à l'époque de mes concerts. (1) —

____

(1) Je ne puis résister au desir d'exprimer ici ma profonde gratitude à mesdames Foy, Joseph Périer, de Laval, de Girardin, de Grabouska, de Courbonne, Carvalho, de Kerkorlay, de Brian, de Broglie, Récamier, Michel, et à MM. de Valmy, de Crussol, de Noailles, d'Aure,

Je serais bien aise que vous me donnassiez quelques détails sur vos voyages à Versailles. Je suis curieux,

---

de Périgord, de Zéa, de Larochefoucault, de Bourbon Conti, de Richelieu, de Turpin, de Bellune, d'Aure, Kesner, de Duras, de Tarente, Cottier, etc. Je n'ai eu à m'affliger de l'indifférence que d'un très-petit nombre de personnes de ma connaissance ; je suis presque parvenue à oublier leurs noms, pour ne me rappeler que de ceux qui ont mis tant de grâce à me protéger : leur appui m'a soutenue dans des momens si pénibles, toutes mes consolations me sont venues d'eux, et chaque nouveau progrès de ma fille me donne de nouveaux droits de les remercier! Il y a dans tant de bontés plus qu'il ne faut pour dédommager des mauvais procédés de quelques gens, qui ignorant apparemment ou ne voulant pas se souvenir que les arts répandent un grand charme dans la société, affectent le plus

mais vous me pardonnerez en faveur des motifs que je vous expliquerai tout-à-l'heure. Est-il vrai que vous

---

profond dédain pour les personnes qui les exercent comme moyen d'existence. Il m'a été douloureux, surtout par l'intérêt que je porte à cette branche d'industrie si brillamment cultivée en France, de compter au nombre de ceux qui refusent leur protection aux artistes, une veuve de deux savans illustrés par leurs connaissances étendues et leur philanthropie. Madame la comtesse de Rumfort a gardé des billets de concert que je lui avais adressés, comme à une ancienne amie de madame de Montesson, ma tante. Elle n'a pas même daigné m'en faire accuser la réception !.... Mes malheurs méritaient au moins une réponse ! Un mot aimable adoucit tant de peines !....

Les ministres, recevant d'énormes appointemens, devraient regarder, je pense, comme un des devoirs de leur place d'en-

ayez eu à lutter contre la société des *mécontens*, qui ont été se réfugier

---

courager les sciences et les arts , dans un moment où des troubles perpétuels anéantissent les ressources de tant de familles ! Tous, à l'exception de M. d'Argout, refusent de s'inscrire aux souscriptions qui leur sont présentées pour les concerts. Je signale cette détermination de leur part , afin d'éviter à ceux qui comme moi seraient en position de s'adresser à eux , un refus qui les affligerait en leur faisant entrevoir l'avenir qui leur est réservé !

Qu'il me soit permis d'adresser quelques remercîmens aux artistes qui ont mis tant de grâce à m'entourer de leur célébrité , pour en faire rejaillir une partie sur ma faiblesse. Mademoiselle Desargus, MM. Uhran , Dommange, Stephen , Rhein, Richelmi , Ebner , Pollet , Regondi , Andrade et Mazas, n'ont point hésité à prêter leurs beaux talens pour embellir des soirées, qu'ils ont rendues brillantes.

dans cette ville. —J'ignore qui a pu vous donner des notions aussi fausses sur ce qui me concerne. Recommandée au général Merlin, j'en fus accueillie de la manière la plus aimable, ainsi que par sa femme, personne remarquablement obligeante et bonne, j'étais d'autant plus reconnaissante de tant de bienveillance, que je n'avais pas caché au général, qu'en apprenant sa nomination au commandement de Versailles, j'avais été désolée; il y remplaçait le général Rabusson, qui a épousé une de mes amies, que j'aime d'autant plus sincèrement, que son cœur est resté le même pour moi, au milieu de toutes les circonstances pénibles de ma vie; et à laquelle je ne connais qu'un seul

défaut, celui de cacher dans la retraite les talens les plus remarquables, un esprit cultivé, une jolie
figure, et un caractère égal et doux.
C'est priver la société de l'un de ses
modèles les plus parfaits; mais cette
conduite devient un exemple pour
les mères de famille, puisqu'elle est
motivée par les soins non interrompus
que madame la baronne Rabusson
donne à l'éducation de ses enfans.
Se dérober ainsi aux succès qui
flattent tant une femme, est sans
contredit la meilleure preuve que je
n'exagère pas, dans l'éloge que je
viens de tracer. Je reviens au général
Merlin; il arrangea une soirée de
musique pour me faire entendre.
J'y retrouvai plusieurs personnes que
j'avais connues autrefois, madame

Emilie Doumerc, dont l'expressive physionomie, la variété des talens étaient si généralement admirés; M. Aubernon, préfet actuel, doué de l'esprit conciliant et ferme, nécessaire dans des momens orageux, et enfin M. de Lucotte, l'un des amateurs de musique les plus distingués que je connaisse.

Tout le monde cherchant à me faire valoir, j'obtins assez de succès pour me donner un peu du courage dont je manque lorsqu'il faut me faire écouter du public, qui a le droit d'être difficile; on mit tant d'empressement à m'être utile, que le concert que je donnai quelques jours après, fut très-nombreux. La société du quartier Saint-Louis, opposée à celle du général (par un esprit de parti qui existe dans les villes de province, dont il restreint les plaisirs) ne fut pas d'abord bien disposée pour moi, par cela seul, que j'avais été bien reçue dans l'autre; mais une amie de ma mère, qui a des droits éternels à mes plus tendres affections, prit soin de faire changer ces dispositions fâcheuses. Son amabilité, l'aménité de son caractère, lui donnant beaucoup d'empire sur tous ceux qui ont le bonheur de l'approcher, ramenèrent à moi toutes les personnes désirant lui plaire. Quand je ne lui devrais que de connaître la charmante famille du respectable général de Fuller, dont chaque membre offre un modèle de savoir ou d'agrément, je ne pourrais jamais assez remercier cette femme excel-

lente que je n'ose nommer de peur
de lui déplaire; elle fuit les éloges,
comme on redoute le blâme; ce serait une singularité si on ne savait
qu'elle doit en être lasse!

J'ai encore vu à Versailles avec un
grand plaisir madame de Saint-Aulaire, fille de M. de Bièvre, qu'elle a
hérité de l'esprit de son père; madame de Sancillon, si gracieuse et si
aimable; M. de Pronville, homme
fort instruit, sans la moindre prétention, et qui, pour se reposer de
la science, cultive une immense col-
lection de roses d'espèces rares; on
lui doit la découverte de plusieurs
variétés curieuses; M. le comte deSau-
say, qui joue du violon comme un maître, en ayant toute la modestie et la
complaisance d'un élève; enfin M. de

Récourt, officier distingué, qui chante à merveille.—Mais, madame, interrompit M. de Réville, tout le monde est donc parfait à Versailles ? Vous louez toujours : cela devient monotone. — Les contrastes, dit-on, doivent se rencontrer ; et je le crois dans ce moment où votre manière de juger est si différente de la mienne. Vous aimez à ne découvrir que des défauts dans les gens que vous rencontrez, ce qui est d'autant plus remarquable qu'ils sont inutiles pour faire valoir vos qualités ; je préfère ne voir que ce qui est bien autour de moi ; il me semble que cela peut rendre meilleur ; en admirant on cherche naturellement à imiter ; et on finit par prendre quelques-unes des bonnes choses dont on a été frappé. Cependant pour vous plaire, je suis bien tentée de vous signaler madame la marquise de Bal....y, grande sèche et riche, comme la plus impertinente et la plus ennuyeuse femme que j'aie rencontrée; entichée d'une noblesse fort ordinaire et d'une fortune qui me paraît plus positive que l'ancienneté de ses titres, elle ne parle que de ses laquais avec lesquels on la dit fort tyrannique; de sa bibliothèque qu'elle n'ouvre jamais, de peur d'y laisser entrer de la poussière, et de ses soirées aussi peu amusantes qu'elle, dit-on ; mais l'habitude de la méchanceté me viendrait peut-être, ainsi finissons cette conversation; mais dites-moi avant quel intérêt a pu vous porter à me faire tant de questions ? — On m'avait dit dans le monde que, possédée du désir de la célébrité, vous aviez voulu faire parler de vous, non seulement comme auteur, mais comme cantatrice; maintenant que je connais vos motifs et que je les approuve, je conçois difficilement que l'on puisse vous accuser au lieu de vous plaindre. Je dirai partout la vérité, et serai, je l'espère, assez heureux pour vous être utile; je puis être quelquefois moqueur, persifleur, insupportable; mon caractère, je vous l'ai dit, est devenu détestable à force de chagrins; mais il n'ont pu changer mon cœur. Comptez sur moi en toute occasion.

Je fus charmée d'avoir acquis un ami; et le remerciai comme je le devais de ses bonnes dispositions.

CHAPITRE XII.

Nous arrivâmes à *Bruyère-le-Châtel*, ce qui finit une conversation qui m'était pénible. Cette terre appartient à M. le baron Charlet, ex-secrétaire des commandemens de madame la Dauphine.

Le château est flanqué de tourelles et bâti sur une éminence qui domine un parc très-vaste, qui nous parut plutôt tourné à l'utilité qu'à l'agrément; il contient des champs de blé, d'avoine, etc., et l'on trouve cet aspect préférable à des allées bien larges et bien sablées, à d'élégants massifs de fleurs, à des *fabriques* de luxe, quand on sait que M. Charlet faisait participer à ses récoltes les indigens du village. Je ne parcourais ces lieux qu'avec un serrement de cœur inexprimable en songeant que cette terre, due en partie aux bienfaits que la Dauphine prodiguait à un fidèle serviteur, avait été un des derniers lieux où elle avait trouvé, en France, les égards et le respectueux attachement dûs à ses vertus. Lorsque l'imprévoyance de son époux et de son oncle la laissèrent sur la route de Dijon, exposée à toute la fureur d'un mouvement populaire, elle chercha un asile sûr pour y passer au moins une nuit tranquille, afin de prendre les forces qui allaient lui être nécessaires. Epuisée de fatigue, dévorée d'inquiétudes et de chagrins, elle arriva à *Bruyère* dans le plus stricte incognito. Aux sentimens qui lui furent témoignés, elle pouvait encore croire sa famille sur le trône!... S. A. R. avait échappé comme par miracle aux dangers les plus grands; et les personnes qui faisaient paraître leur attachement pour cette auguste et malheureuse princesse, couraient risque d'être victimes de leur sublime dévoûment!.... Honneur donc à l'homme courageux qui s'oublia lui-même pour ne songer qu'à adoucir les infortunes de sa bienfaitrice.

Dès le lendemain de son arrivée à *Bruyère*, madame la Dauphine voulut rejoindre ceux qui lui étaient chers ; on essaya en vain de la retenir, craignant de compromettre la sûreté de M. Charlet, et voulant partager les périls auxquels elle savait sa famille exposée, elle partit déguisée, dit-on, pour Rambouillet où tant de pleurs l'attendaient ! Elle emportait une pensée capable d'adoucir les larmes qu'elle devait répandre : Tout le bien qu'elle avait fait n'était point oublié, et des bénédictions la suivaient dans son nouvel exil !

J'appriis de madame de Sainval
que M. Charlet, depuis qu'il est pos-
sesseur de cette terre, n'a pas négligé
une occasion de rendre service aux
habitans; il allait audevant de leurs
besoins, et se chargeait de leurs
pétitions; malgré tant de bontés,
il est cependant devenu pour les
paysans un objet d'antipathie :
n'ayant plus rien à attendre de lui,
ils trouvent plus simple de le me-
nacer que de le remercier de ce
qu'il fit pour eux. Ayant perdu une
belle place, il faut enfin qu'il pense
à lui; il ne peut plus donner autant,
pourquoi donc le ménager? On espère, à force de mauvais procédés,
le contraindre à quitter le village où
il est né; ses compatriotes, jaloux
de n'avoir pas eu les talens et les

qualités qui l'ont élevé, cherchent tous les moyens de lui nuire. Ils ont attendu pour se plaindre que sa voix ne fût plus puissante, et qu'il ne pût plus partager avec eux ce qu'il acquérait par son travail et son zèle. C'est un peu tard, il faut en convenir.

M. Charlet mérita la faveur de madame la Dauphine par la plus noble conduite; rien ne me plait comme de recueillir les traits honorables, qui dédommagent de tous les crimes, que tant de gens aiment à raconter, aussi je vais répéter ce qui m'a été dit sur le compte d'un homme estimable et malheureux aujourd'hui par ses affections, il est juste qu'il ait quelques compentations aux injustices qui le poursuivent.(1)

____

(1) M. le duc de Maillé qu'il suffit de

M. Charlet, était né à *Bruyère* et l'habitait lors de la première révolution ; son heureuse obscurité le pré-

---

nommer pour peindre tout ce que la bienfaisance a de plus éclairé, et tout ce que la bonté a de plus touchant, éprouve aussi, m'a-t-on dit, l'ingratitude des paysans de Lormoy, dont il soulageait toutes les misères. Depuis la révolution de juillet ils n'ont plus voulu le renommer maire. C'est un grand tort d'oublier tant de services rendus ; ils en seront punis par l'ineptie de leur conduite qui les prive d'un illustre protecteur ; qu'il ne leur faisait sentir son rang que par de continuels bienfaits ; c'est à *Lormoy* qu'est arrivé il y a quelques années un évènement qui a manqué d'avoir les suites les plus funestes.

M. le duc de Maillé desirant rendre le séjour de sa terre agréable aux amis qui s'empressaient d'y aller, y donnait souvent des fêtes charmantes, suivies de soupers fort recherchés. Plus de vingt per-

serva des persécutions exercées contre tous ceux qui avaient un état brillant dans le monde. Un de ses voisins, noble et riche fut arrêté comme suspect, et conséquemment condamné à être guillotiné. Sa fille jeune personne charmante, était destinée à subir le même sort,

---

sonnes furent empoisonnées à l'une de ces réunions, par la négligence d'un cuisinier qui s'était servi d'une batterie de cuisine négligée depuis longtems , et dont il avait besoin cette fois par hazard, les convives étant plus nombreux que de coutume. Madame d'Audenarde et M. de Larochejaquelein furent surtout dans un véritable danger ; leur santé donna beaucoup d'inquiétudes pendant plusieurs mois. On doit signaler de pareils accidens , pour tâcher de commander la prudence qui peut les empêcher de se renouveler.

lorsque M. Charlet la connaissant à peine, mais touché de ses infortunes lui proposa de l'épouser, ce quila soustrairait à la mort en prouvant son *civisme*, puisqu'elle consentaità s'allier à un roturier. Confiante dans le caractère du sauveur généreux, qui s'exposait pour la sauver, elleaccepta, et échappa ainsi à la hacie révolutionnaire.

Madame la Dauphine rentrée en France, apprit par un parent de madame Charlet la belle conduite de son mari, et voulut s'attacher un homme si désintéressé et si courageux, elle lui fit donner un emploi dans les bureaux de son service. Il y déploya une intégrité parfaite, et une assiduité extrême au travail. Il en fut récompensé, en étant

nommé sécretaire des commandemens de la princesse; place qu'il
remplit suivant l'intention de S. A. R.,
n'hésitant jamais à mettre sous ses
yeux, les pétitions, adressées de
tous les coins de la France. Voilà ce
que j'ai appris d'un respectable propriétaire des environs de *Bruyère* le
Chatel Je n'ai pas l'avantage de connaître M. Charlet, il ne m'ne est pas
moins agréable de publier combien il
méritait la faveur qu'il avait obtenue.

En retournant *aux Buttes* nous
nous arrêtâmes à Bâville, pour
visiter en détail le château si plein
de souvenirs de l'héroique Malhesherbes. Il se plaisait à l'embellir; et
y passait tous les instans qu'il
pouvait dérober aux devoirs de sa
charge. Tout le pays se réjouissait

quand il annonçait son arrivée ;
on se portait en foule au devant de
celui qui apaisait par de douces
paroles, les querelles des familles,
faisait guérir les malades en
payant des médecins habiles, soulageait les indigens, faisait élever les
enfans qui annonçaient des dispositions, dotait les jeunes filles ver-
tueuses, et ne refusait jamais sa
médiation, pour pacifier les petites
tracasseries, inspirées par la cupidité,
la jalousie, ou l'envie. Ce bienfaiteur de l'humanité, ce magistrat
éclairé et intègre, ce savant modeste,
cet éloquent défenseur du plus
infortuné des Rois, n'était heureux
qu'où sa présence était utile. Il
se plaisait à Bâville, et ne le quittait avec moins de regrets qu'en

pensant qu'il allait à Paris soutenir les droits méconnus d'un orphelin, ou d'une veuve éplorée ; et faire triompher la justice en lui prêtant sa persuasive et ferme éloquence. Il revenait ensuite à Bâville se reposer par de bonnes actions nouvelles. Son nom, est encore en vénération dans ce lieu ; les bénédictions qu'on lui adresse se trasmettent d'âge en âge, et cependant M. de Malhesherbes périt sur un échafaud!...

On nous montra une tour séparée du château, dans laquelle il se retirait pour travailler; mais où il permettait toujours qu'on vint le déranger lorsqu'il s'agissait du bonheur des autres. Je regrettai que l'ameublemvnt n'eut pas été conservé intact, ou du moins remplacé par des meubles, dont la

tradition eut donné des idées exactes.
Une extrême élégance, et tout le
bon goût du jour, ne peuvent, suivant moi, remplacer ce qui per-
mettrait de se croire encore au tems
où vécut, là, paisible et retiré, le plus
vertueux des hommes! Ce qui vous
entoure maintenant dans cette tour,
lui est étranger, et dès lors perd tout
son intérêt.

Nous admirâmes le calme et le site
enchanteur de la fontaine de *Boileau*,
près de laquelle M. de Malhesherbes
allait s'asseoir avec un livre, pour
méditer en paix tant de projets
utiles; et y fut souvent abordé par
de gentilles paysannes, venant lui
avouer en rougissant, un amour
innocent, certaines que l'intercession
du bon seigneur, leverait tous les

les obstacles suscités par des parens avides. Un pré cédé, une vache donnée, une faible somme accordée, applanissaient les difficultés, et le bonheur des l'obligés, ne surpassait pas celui de M. de Malhesherbes, retournant au château avec un doux souvenir de plus. Il y trouvait réunis les hommes les plus distingués de France, par leur naissance, et leurs talens. Une conversation animée se prolongeait dans la soirée; mais celle du matin avait plus de charmes pour M. de Malhesherbes, puisqu'elle avait été suivie du bonheur de quelque naïve villageoise.

Le château est grand, bâti en briques, d'un aspect un peu sévère comme toutes les constructions de ce genre. Il domine une pièce d'eau fort belle, au milieu de laquelle se trouvé une jolie île; un parc d'une étendue immense, dans lequel ont été enclavés avec beaucoup d'art, les *buttes*, et des bois magnifiques, achève de rendre cette propriété l'une des plus remarquables des environs de Paris. Je ne puis m'empêcher de regretter que de hautes luzernes, remplaçent autour du hâteau, les gazons anglais qui devraient y être entretenus, pour completter la beauté de ce lieu. La fortune énorme de M. de Saulty, son propriétaire actuel, me fait espérer qu'il se décidera à une faible augmentation de dépense, qui ôtera toute prise à la critique. La mienne est peut-être minutieuse; mais je porte trop d'intérêt à ce séjour habité longtems par ma tante (1), pour ne pas désirer qu'il soit sans défaut.

A notre retour, M. de Sainval nous avait ménagé la plus agréable surprise ; il vint audevant de nous sur la pelouse, soutenu par M. et Mme Jacques. Il était encore trop faible pour faire, même avec de si solides appuis, une promenade un peu longue; mais il paraissait certain que dans peu de jours nous pourrions tous quitter la chaumière, où nous causions un si grand dérangement; quoique le contraire nous fut assuré par nos excellents hôtes, toujours empressés à nous être utiles. Malgré le plaisir de retrouver nos amis et nos habitu-

____

(1) Madame de Genlis.

des, nous ne pensions pas sans une sorte de chagrin à nous éloigner de ces braves gens, dont nous avions à tant nous louer ; et nous entrevoyons la possibilité de regretter souvent ce paisible séjour, où aucune humeur, aucune dispute n'étaient venues troubler la douce paix que nous y goûtions. Là, des amis d'opinions différentes cherchaient à s'éclairer mutuellement, et lorsqu'une discussion devenait trop vive, ils cédaient, ou la terminaient par une plaisanterie. Retournés dans le monde, nous allions retrouver des devoirs futiles à remplir, imposés par l'usage comme des obligations indispensables ; il faudrait écouter raisonner et déraisonner avec aigreur sur la politique ; nous serions té-

moins de querelles violentes que
nous ne parviendrions pas à apai-
ser ; enfin nous nous verrions
perpétuellement entourés d'une
misère que nous ne pourrions soulager !

La mère Jacques nous remit des
lettres arrivées pour nous, et chacun
le questionnant sur les nouvelles de
Paris, fut surpris d'apprendre que toutes les pensées étaient concentrées sur
deux importants sujets, dans cette capitale où se débattaient les destinées
futures de la France. On ne nous parlait que de l'incomparable talent de
Rubini, qui écrâsait tout ce que l'on
avait entendu jusqu'alors, et de l'ini-
mitable Henry Monnier, reprodui-
sant dans son jeu spirituel, toute
l'originalité de ses crayons. Les

femmes avides de plaisirs et les hommes les plus occupés des graves affaires de l'état, s'entretenaient également dans leurs correspondances de ces merveilles du jour, auxquelles le choléra-morbus, les séances si scandaleusement orageuses de la Chambre des députés, la guerre de la Belgique, les désastres de l'héroïque Pologne, étaient forcés de céder le pas : Ces sujets si importants n'étaient en quelque sorte que des accessoires remplissant avec peine quelques lignes des longues lettres que nous venions de recevoir. Nous étant mutuellement demandé les nouvelles de Paris, nous ne nous apprîmes rien, car en vérité on eut pu croire que l'on s'était entendu pour nous écrire les mêmes choses.

Que l'on dise à présent, s'écria M. de Mairan, que le caractère français est changé !... On aura beau prétendre qu'il a pris le sérieux convenable à un état représentatif, je soutiendrai toujours que la légèreté en est la bâse; et que les arts qui sont aux abois, reprendraient une prompte impulsion, si elle n'était comprimée par un ministère qui, différent de celui de Mazarin, ne veut pas que l'on chante en donnant beaucoup d'argent. — Vous voilà critiquant encore le ministère, répliqua aigrement M. de Réville; est-ce sa faute si les arts et le commerce ne sont pas florissants après une révolution? — Oui sans doute; car au lieu de faire peser les économies demandées sur leurs appointemens

et sur ceux de leurs créatures, ils
en accablent les établissemens qui
pourrraient donner de l'élan à toutes
les industries. — Oh ! par exemple ,
cela est un peu exagéré, dit l'éter-
nellement ministériel M. de Saint-
Sêves, les manufactures royales sont
conservées. — Oui , mais on a parlé
de les supprimer ; et l'inquiétude
que cela a causé a paralysé une partie
des artistes qui y sont employés ;
ensuite au lieu d'y faire faire des ac-
quisitions considérables, qui permettraient de renouveler les objets qui
s'y fabriquent, les ministres ne manquent pas de répéter sans cesse au roi
qu'il faut dépenser peu, les besoins
du pays réclamant un gouvernement
à bon marché, et en attendant le
budget est augmenté. —Qu'avez-vous

à dire, amateur passionné de musique? Le conservatoire subsiste. —
Sans doute, après lui avoir fait subir
de nombreuses suppressions, qui
réduisent à une position fâcheuse,
des professeurs, auxquels, depuis
longtems on est redevable d'élèves
distingués; qui se répandant dans
les provinces, y font naître le goût
des arts, l'une des prospérités de
notre belle patrie.—On donne des
concerts à la cour. — Dans lesquels
on n'entend presque que des Italiens,
ce qui devrait être évité, ou rendu
plus rare; car ces acteurs payés d'une
manière excessive, économisent ici ,
et emportent chez eux, ce qu'ils sont
venus gagner à Paris. Tandis que
nos compatriotes, parmi lesquels il
serait facile de trouver de beaux

talens, ne sont guères admis à l'honneur de briller devant les riches étrangers reçus chez le roi. — Il est à la mode de n'aimer à entendre que les Italiens. — De tout tems la cour à donné le ton ; mais la mode, ne devrait point être consultée dans des réunions, dont le but doit certainement être l'encouragement des artistes. Dans les concerts publics, les romances bien chantées ont tout autant d'effet que des roulades continuelles ; ainsi quand on ne devrait permettre aux Français que d'exécuter ces airs nationaux, il faudrait les appeler au Palais-Royal. Pourquoi aussi y admettre si rarement des instrumentistes célèbres dans toute l'Europe. Mis en évidence, ils trouveraient des leçons qui leur manquent.

La chapelle supprimée, a privé un grand nombre d'entr'eux d'appointemens qui soutenaient leurs familles. Ne devrait-on pas la rétablir? Ou si ce mot *chapelle* qui rappèle la religion, fait peur, ne pourrait-on instituer une musique de la Chambre qui aurait les mêmes résultats?—Ce serait horriblement cher. — Allons donc, quel raison! Trouvez-vous le peuple plus riche, depuis que vous parlez tant de tout réduire? Il faut un grand luxe dans une cour française, parce que les ricochets s'en font sentir dans la classe indigente. Aussi, si j'étais ministre, je conseillerais au roi de s'entourer de gens ayant de la fortuue; et je voudrais qu'ils représentassent chez eux et aux fêtes qui auraient lieu chez le roi; par orgueil ils en donneraient aussi; les étrangers de distinction abonderaient à Paris; rivaliseraient de magnificence par amour-propre avec nous; les ministres une fois piqués d'honneur, les banquiers se lanceraient de même comme de raison ; et ne resteraient point en arrière; les manufactures reprenant de l'activité, les ouvriers auraient alors assez d'occupations pour ne pas *badauder* dans les rues, et augmenter le tumulte suscité par quelques malveillants. Je n'entends rien à la politique; mais en fait d'arts, j'ai la prétention d'en savoir assez pour donner mon avis; et ne vous céderai pas, mon cher Réville, celle d'aimer sincèrement mon pays, et de désirer sa prospérité. — Oh! voilà les grands mots, Mairan, mais si comme moi vous étiez appelé à voter les dépenses du gouvernement, vous y regarderiez à deux fois avant d'avoir de si grandes vues. —Je commencerais par dire que cinquante mille francs suffiraient à *vos amis* le ministres (possédant par eux-mêmes des fortunes énormes) puisque M. le duc de Richelieu avait fait réduire de moitié son traitement, et qu'il recevait souvent et bien. Voilà la libéralité des sentimens que j'approuve, et non celle qui consiste à prononcer de belles phrases ronflantes en gardant tout pour soi ou les siens. Au reste, finissons une discussion qui sera sans but, car vous garderez, mon cher Réville, vos opinions, et bien certainement je n'abandonnerai pas les miennes;

malgré tout, je désirerais que les vrais talens se fassent jour au milieu de nos craintes et de nos dissentions, c'est une compensation qui leur revient. Plus on est pauvre, plus il est doux d'être aimé!

M. de Saint-Sêves souffrant des critiques adressées à *ses amis*, et ne trouvant pas trop à y répondre, fut très-content de voir terminer cette conversation, et pour qu'elle ne reprit pas, il offrit de commencer à nous lire le manuscrit dont il nous avait parlé. Une histoire véritable, bien noire, bien terrible, piquait trop notre curiosité, pour que sa proposition ne fut pas acceptée avec plaisir. On apporta donc devant M. de Saint-Sêves, une table sur laquelle fut placé le verre d'eau sucré classique, qui joue même souvent un si grand rôle, dans les orageuses discussions de nos parlementaires; et après avoir vu se former un cercle assez serré, avoir déroulé lentement le manuscrit, jauni par le tems, comme un vieux parchemin de famille, s'être mouché, etc., etc., M. de Saint-Sêves commença, ayant suivant l'usage, commandé l'attention, par ses regards portés alternativement sur chacun de ses auditeurs impatients.

CHAPITRE XIII.

AVANT-PROPOS.

Dans une petite ville d'Allemagne mourût il y a quelques années le premier pasteur de l'église évangélique du lieu.

Diverses circonstances, entre autres le

testament de la veuve d'un ami de sa jeunesse, mort depuis longtems assassiné, l'avaient rendu fort riche dans les dernières années de sa vie.

Il ne laissait point d'enfans ; mais un grand nombre de parens assez proches, qui, s'ils n'étaient point réduits à l'indigence, n'étaient pas non plus favorisés de la fortune. Ils comptaient avec quelque raison voir leur sort futur adouci par l'héritage considérable du respectable pasteur. Quel fut donc leur étonnement lorsqu'après la mort de celui-ci, et à l'ouverture du testament, ils apprirent qu'ils avaient tous été oubliés ; et que cet acte, parfaitement en règle, ne contenait aucune disposition en leur faveur ? Tous les biens du défunt devaient être employés à améliorer l'état des prisons du pays, et à adoucir le sort des détenus. Ces idées philantropiques qui eussent dans toute autre occasion excité un vif enthousiasme, furent, comme on peut le croire, extrême-

ment blamées, non seulement par les hé-
ritiers, mais encore par la société tout
entière; toujours pressée de juger, sans
chercher à approfondir les choses. Ce
testament excita donc la surprise et le
mécontentement des indifférents; et la
haine des hommes dont il froissait tous
les intérêts.

Les qualités éminentes qui caractéri-
saient le défunt, furent presque oubliées,
et on commenta avec une ingénieuse malveillance toutes ses actions, et jusqu'aux
paroles qu'on se rappelait de lui. Les sor-
ties violentes qu'il s'était souvent permises
contre les classes supérieures, et surtout
contre les princes, furent attribuées à la
basse jalousie de n'être point né leur égal;
le mépris avec lequel il parlait quelquefois
des rapports des hommes entre eux, passa
pour la preuve d'une humeur difficile, à
laquelle sa vie donnait cependant un démenti formel; puisqu'elle avait offert
l'exemple de toutes les vertus humbles et

chrétiennes; et l'on attribua à sa mémoire des sentimens dont le soupçon seul , s'il eut encore vécu, aurait pu dans ces tems orageux (c'était vers le commencement de la révolution de 89) , faire supposer ses opinions empreintes du jacobinisme qui menaçait de saper tous les trônes ; et lui eut conséquemment fait perdre son bénéfice , dans une ville tout imbuc encore de l'idée que le plus souvent vouloir changer, c'est vouloir détruire.

L'acharnement contre le pasteur alla si loin que ses plus proches parens , malgré le peu de vraisemblance d'une si horrible accusation , osèrent répandre le bruit qu'il n'avait point été étranger à l'assassinat de son ami. La providence qui devait veiller sur l'honneur de celui qui n'avait jamais douté de la puissance de Dieu , permit que l'on trouva quelques mois après dans ses papiers , un écrit de sa main, qui jetait un grand jour, non seulement sur son caractère tant déchiré par la cupidité et la malveillance, mais encore sur le meurtre de son ami, enveloppé jusqu'alors d'une obscurité complète.

Cet écrit ne put être imprimé alors, par des considérations dont la lecture donnera les motifs; mais circulant sourdement dans le public, il mit dans une telle évidence les circonstances de l'assassinat et les causes secrètes de l'absurde et odieuse inculpation dirigée contre le défunt, que ces clameurs si violentes se changèrent en des éloges mérités. Ses parens furent contraints au silence ; et purent dans la solitude où ils furent laissés, se livrer aux remords qu'ils devaient éprouver voir en essayant de flétrir du souffle impur de la calomnie, la vie la plus digne d'admiration. Voici le manuscrit écrit tout entier de la main du vénérable pasteur.

LE POIGNARD DE CRISTAL,

NOUVELLE ALLEMANDE (1).

Souvent, très-souvent, je pensais à la jolie petite ville de D** en 17*** ; j'y avais passé quelques années remplies de soucis ; mais aussi là s'étaient écoulés les jours si beaux d'une jeunesse où tout est espoir ; j'y avais laissé des amis affectionnés ; et j'en

(1) Cette traduction faite par une de mes amies, m'a été confiée, en me permettant d'en faire usage ; comme elle m'a parue susceptible d'inspirer quelque intérêt, je n'ai pas hésité à la publier. J'ai changé fort peu de choses au manuscrit.

avais emporté des souvenirs qui, longtems après, faisaient encore battre mon cœur. Il ne m'arrivait jamais d'ouvrir un journal, sans chercher des yeux si je ne trouverais pas quelques nouvelles de ce pays tant chéri qu'il m'avait fallu quitter pour aller prendre possession d'un humble presbytère, où je me trouvais heureux, puisque je pouvais faire quelque bien autour de moi.

Quelle fut ma joie, lorsqu'un jour je trouvai dans la *Gazette* deux colonnes entières, sous la rubrique de D** du 1ᵉʳ septembre 179** ; mais ce sentiment de plaisir fut de courte durée; et ce fut avec un véritable chagrin que je lus les lignes suivantes.

« Un événement inouï vient de

porter la désolation dans notre ville : un de nos concitoyens les plus estimés, M. le conseiller de S** a été assassiné la nuit dernière, dans sa maison; ce crime, aussi étrange qu'horrible, est accompagné de circonstances presque inconcevables.

» L'ami que nous regrettons également comme zélé magistrat, comme excellent époux et bon maître, après avoir, hier, vers dix heures du soir, accompagné sa femme à la voiture qui devait la conduire à sa *résidence*, s'était enfermé dans son cabinet qui donne dans sa chambre à coucher; il avait ordonné à ses gens de se retirer, leur disant qu'il travaillerait, suivant sa coutume, une partie de la nuit.

» Quel fut le douloureux étonnement de son vieux serviteur de confiance, en entrant ce matin dans l'appartement, de voir le lit fait de la veille, dans le même état; et de ne trouver son maître ni dans sa chambre, ni dans la pièce voisine! Sa canne et son chapeau étaient à leurs places ordinaires, et la porte de la maison, ainsi que celle du jardin, fermées encore par les verroux intérieurs.

» Ce domestique dévoué pressentant quelque malheur, rassemble à la hâte ses camarades, et se mettant à leur tête, ils visitent toutes les pièces de la maison. Qu'on se figure leur effroi, lorsqu'ouvrant la chambre à coucher de madame de S**, ils découvrirent leur maître infortuné, tout habillé, baigné dans son sang, étendu mort sur le lit de son épouse !

Ils remarquèrent que le secrétaire de madame de S** avait été forcé. A terre, non loin du cadavre, était un *poignard de cristal* (1) à manche d'ivoire, brisé, et à côté du secrétaire, la montre d'or du conseiller, presque écrâsée ; l'aiguille marquait une heure. On n'apercevait sur le corps qu'une blessure profonde à la poitrine.

» Du reste, il n'existe rien qui indique l'auteur de cet attentat ; rien qui puisse conduire à une découverte aussi nécessaire, puisqu'elle entraînerait la punition des coupables. Seulement quelques officiers de jus-

---

(1) On sait que le cristal de roche est d'une extrême dureté.

tice criminelle appelés sur les lieux, prétendent que le poignard appartient au musée du château de plaisance du prince, situé dans le voisinage, et que cette arme bien qu'elle n'ait point été encore réclamée, en a du être dérobée.

» L'absence de madame S** peut à la vérité faire croire que quelques scélérats ont profité de cette circonstance pour voler impunément dans une chambre inhabitée. Mais la chose demeure inexplicable lorsque l'on considère que rien n'y a été soustrait, non plus que dans la pièce voisine contenant plusieurs effets précieux.

» Comment la victime a-t-elle pu être transportée dans ce lieu où elle a été trouvée gisant, sans laisser après elle des traces de sang? c'est encore une autre énigme. L'appartement ne présente aucun indice d'effraction.

On a dépéché un exprès à sa malheureuse veuve dont on attend le retour avec une vive impatience, dans l'espoir qu'elle joindra ses efforts aux notres pour découvrir s'il est possible, la vérité sur cet horrible attentat. »

La feuille me tomba des mains. J'avais été jadis intimement lié avec M. S** : sa première femme était ma nièce; et quoique je ne connusse sa seconde que fort imparfaitement, on continuait par habitude dans la famille à me donner le titre d'oncle.

Je ne pus sans un doulourenx attendrissement, penser à la confiance que le conseiller m'avait toujous témoignée. J'avais conservé plusieurs de ses lettres, qui me prouvaient que ni le tems, ni l'absence n'avaient altéré son amitié pour moi, Je relus avec un redoublement d'affection ces témoignages touchants d'un attachement auquel la mort seule avait pu mettre un terme; et je retrouvai dans mon cœur toute la vivacité d'un sentiment dont je ne me rendais pas compte lorsque mon ami vivait. Je calculais trop alors les défauts que je lui connaissais; maintenant je ne me souvenais que de ses vertus!

Cependant la réflexion, lorsque je fus plus calme, me fit regarder comme fort exagérés les éloges qui étaient si légèrement prodigués à son caractère dans la relation de sa mort. Je l'avais connu aimable et gai avec les étrangers; mais sombre et brus-

que dès qu'il était dans son intérieur·
Sa figure ouverte et franche hors de
chez lui, devenait, dès qu'il y rentrait,
taciturne et sévère. Dur envers ses in-
férieurs, il était redouté de tous ceux
qui l'approchaient, et sa jalousie
qu'il cachait soigneusement, éclatait
avec violence, dès qu'il était seul
avec sa femme, à laquelle il faisait
sans motif les scènes les plus vives.
J'en avais été souvent le médiateur
du vivant de ma nièce, qui n'était cependant ni jeune. ni jolie, ni fort spirituelle; sa douceur extrême pouvait
seule ramener son mari à la raison;
et je pensais que ces défauts devaient
être beaucoup plus sensibles à l'égard
de sa seconde épouse, possédant tous
les avantages de son sexe dans un dé-
gré éminent.

L'absence avait été trop longue entre nous, pour que je pusse me permettre d'asseoir un jugement positif sur ses nouvelles relations domestiques ; néanmoins, je crus faire bien d'écrire confidentiellement à ce sujet au président de la cour criminelle de D**, qui avait aussi été le compagnon de ma jeunesse. C'était un homme loyal, intègre, esclave des devoirs difficiles qui lui étaient imposés; saisissant avec une grave sagacité l'esprit des lois et la manière de les appliquer; mais privé de cette sensibilité qui sait en adoucir quelquefois la rigueur. J'attendais de lui des détails qui pouvaient satisfaire mon intérêt pour cette famille que j'aimais toujours, quoique je l'eusse perdue de vue depuis longtems.

Pe u de semaines après, je reçus en effet un rapport détaillé de la main de son secrétaire, parfaitement conforme au récit du journal. Il y avait joint quelques lignes de réflexions dans lesquelles il me parut partager ma façon de penser relativement au conseiller. Suivant lui, le rédacteur de l'article publié le jour de l'assassinat avait pu ne juger le défunt que d'après l'intérêt qui s'attache à une grande catastrophe, ou d'après des renseignemens recueillis dans la maison de Monsieur S**. Peut-être aussi avait-on eu pour objet de faire taire un bruit qui s'était répandu le matin même de l'événement: celui de la probabilité d'un suicide, crime qui, dans la religion protestante comme dans la croyance catholique, est regardé comme une action de lâcheté indigne d'un bon chrétien.

« Mais ce but n'aurait point été atteint, parce que la déclaration même de la veuve inncosolable semblait ajouter une nouvelle force à ce bruit. »

Elle affirmait que, avant de partir pour la résidence, elle avait retiré tout ce qu'il y avait de précieux dans le secrétaire : à la vue du poignard, elle avait été visiblement troublée: mais elle niait l'avoir jamais aperçu avant l'événement fatal; et elle attribuait son effroi au sentiment naturel qu'avait produit sur elle l'aspect de l'instrument du meurtre de son époux. Toutefois, l'opinion publique semblait refuser d'admettre cette

raison; cependant les soupçons for-
més à ce sujet se détruisaient entièrement, puisqu'il était prouvé que
le poignard, bien reconnaissable
comme objet de curiosité, avait été
enlevé au Musée; mais quand? de
quelle manière? c'est ce qu'on ne
pouvait déterminer, parce que le
surveillant du Musée ne s'était
aperçu de la soustraction de cette
arme que lorsqu'il avait été appelé
pour la reconnaître. Il se souvenait
seulement que des ébénistes travail-
laient, il y a quelques mois, dans
une des pièces d'entrée du Musée,
même à l'heure où il restait ouvert
aux étrangers.

On n'avait dans le sécretaire
trouvé rien d'important, si ce n'est
quelques papiers; la veuve s'était

aperçue avec inquiétude qu'il en manquait quelques-uns, ce qu'elle avait d'abord nié dans ses premières déclarations à la justice.

Le bruit courait dans la ville qu'une vive altercation entre les époux avait précédé immédiatement le départ de madame S***; mais sa conduite ne motivait aucun soupçon.

Telles étaient les observations contenues dans la lettre du président. « Je ne saurais m'empêcher, m'écrivait-il encore, de vous communiquer une particularité, ne serait-ce que pour établir cette vérité, que souvent la circonstance en apparence la plus insignifiante, peut utilement servir à l'observateur habile.

» Le convoi se rendait au cimetière; je le suivais; comme le cercueil porté à bras suivant l'usage, tournait le coin de la maison du conseiller, et approchait du jardin qui y fait suite, un des porteurs heurta contre une marche saillante du perron de la grille de fer qui conduit à ce jardin; il s'ensuivit une secousse; et le cercueil serait infailliblement échappé des mains des porteurs de devant et tombé à terre, si l'un d'eux qui marchait de l'autre côté du cercueil, ne l'avait poussé avec force de manière à le faire poser un instant sur la grille de fer à laquelle un bout de velours noir du drap mortuaire demeura suspendu. Tout cela fut l'affaire d'un moment, et le convoi reprit tranquillement sa marche avec le recueillement convenable, à peine interrompu par cet incident; qu'il fixa cependant l'attention du peuple faisant partie du triste cortège. On s'approcha de cette grille à laquelle était resté attaché un morceau de la dépouille arrachée au drap mortuaire. On l'examina et l'un des commissaires du tribunal aperçut alors à travers les barreaux une petite porte badigeonnée et peu apparente qui communiquait du jardin à la maison. Il en fut frappé, et m'en fit part sur le champ; je résolus de venir l'examiner avec soin aussitôt mon retour de la cérémonie.

» Je me rendis auprès de madame S** pour lui demander quelques éclaircissemens à ce sujet. Elle parut étonnée qu'on ne se fut pas aperçu

plutôt de l'existence de cette porte ;
et me fit voir dans le cabinet à côté
de sa chambre à coucher, une autre
porte pratiquée dans la tapisserie et
parfaitement masquée, donnant dans
un long corridor ; qu'il aboutissait
à un petit escalier conduisant au
jardin.

» Le vieux domestique présent à
ces informations, m'assura qu'on
n'avait jamais fait usage de cette
porte, et que pour cette raison elle
était probablement oubliée. Madame S** nous fit observer encore
que le verrou intérieur en était
fermé.

» Un examen plus attentif nous
fit voir que ce verrou ne laissait pas
que de jouer facilement, ce qui me
donna quelques doutes sur l'exacti-

tude de l'assertion du domestique;
j'aperçus de plus , dans le bois de
cette porte justement derrière le verrou, une petite fente, peut-être acci-
dentelle , par laquelle il paraissait
possible, au moyen d'un outil, d'ouvrir ce verrou du dehors. Je crus
plus prudent alors de garder pour
moi cette remarque.

» L'effet moral de l'incident, survenu
dans la marche du convoi, a été de
détruire presque entièrement chez le
peuple, si facile à émouvoir et qui
est si aisément porté à croire tout
ce qui est surnaturel, l'idée d'un
suicide. La superstition et les discours de quelques vieilles femmes,
passant pour des oracles parmi leurs
semblables, persuadèrent que le défunt, en heurtant avec son cercueil

contre la grille de fer, a voulu la choisir pour indiquer le meurtrier, et vous n'ôteriez plus l'idée que de là viendra la découverte du coupable. Quand donc de tels préjugés ne trouveront-ils plus d'accès dans l'imagination d'une classe si nombreuse?

» Pour moi je ne regrette pas que ce bavardage ridicule ait fait cesser cet autre bruit fâcheux d'un suicide; car en vérité, quiconque a connu le conseiller, doit être bien convaincu que cet homme, toujours modéré dans ses desirs, suivant si scrupuleusement sa religion, aimant la vie, et possédant tout ce qui peut la rendre agréable, était absolument incapable de se donner la mort. »

Ces réflexions du président, d'autres motifs encore, me les faisaient partager, et je commençais à espérer du tems, qui dévoile tant de crimes qui semblent ensevelis dans le mystère, l'éclaircissement de celui-ci; quand une seconde lettre du même magistrat me parvint.

Elle m'apprenait qu'on avait trouvé parmi les papiers de M. S** un acte du tems où j'exerçais mon ministère dans l'église paroissiale de D**, par lequel il m'instituait son exécuteur testamentaire ; il y avait joint seulement à l'époque de son second mariage, un codicile en faveur de sa nouvelle épouse.

Le président me priait d'accepter cette nomination et de m'arracher, s'il était possible, pour quelques semaines à mes fonctions, ma présence dans la ville de D*** lui paraissant

importante et favorable sous plusieurs rapports, particulièrement sur
l'effet qu'elle pouvait produire sur
le moral de la pauvre veuve; sa santé
se ressentait de son profond chagrin,
aggravé par mille calomnies sur ses
rapports domestiques; qu'ils faisaient
penser de nouveau qu'ils avaient
inspiré la funeste idée d'un suicide;
le peuple restait fidèle à ses pressentimens extraordinaires, mais la société, influencée par quelques femmes
jalouses de la beauté de madame S***
l'accusait d'être la cause de la mort
de son mari.

On prétendit que le conseiller,
dominé par une jalousie frénétique
que les visites fréquentes du prince
Benno, (frère de l'électeur) ne sem-
blaient que trop justifier, s'était laissé

plusieurs fois emporter à des reproches qui avaient amené des alterca-
tions violentes ; et qu'un refroidisse-
ment réciproque s'en était suivi; il est
vrai, disait-on, que le prince, qui
n'est ni beau, ni aimable, et qui de
plus est un peu contrefait, n'est guère
capable d'inspirer une véritable
passion à une jeune et jolie femme,
heureuse par son état brillant dans
le monde; mais madame S***, avec
la vanité qui tient si souvent lieu
de tendresse, avait pu ne pas résister à l'idée flatteuse que le prince
avait pour elle renoncé à tous les
plaisirs de la cour de son frère, qu'il
quittait pour faire son séjour habituel du château assez triste, qu'il
possédait près de D***; et que la
préférence accordée par son altesse

à madame S***, blessant l'amour-propre de toutes les dames de la ville, avait pu motiver une indulgence et une coquetterie qui, aux yeux d'un époux susceptible, avaient dû prendre une apparence coupable et avaient fait concevoir les soupçons les plus contraires à son repos et à celui de sa légère compagne, trop flattée et trop enivrée d'un triomphe, pour consentir à fermer sa porte à son altesse.

Il était certain que le prince passait presque toutes ses soirées chez M. S***; et l'on disait que sa dernière visite avait donné lieu au départ de sa madame S*** pour la *résidence*. La douleur si soutenue dans une personne ordinairement si gaie et si vive, semblait avoir une cause plus profonde que l'assassinat d'un époux qu'elle n'aimait que faiblement; le remords ne pouvait pas motiver une tristesse qui menaçait de devoir tourner en consomption, et que le tems accroissait au lieu de diminuer. Enfin on avait observé que le prince n'était point venu chez madame S*** depuis l'assassinat, et qu'il n'avait pas même fait une visite de condoléance. Que de sujets de caquets dans une petite ville où la monotonie des journées fait regarder comme un bonheur un évènement qui peut fournir à la médisance.

» De toutes ces circonstances, m'écrivait le président, on veut inférer à toute force le suicide, et ne voir dans la douleur de madame S*** que les tourmens d'une conscience bourrelée. Moi-même, je ne suis point à l'abri des propos des désœuvrés, car ce zèle dans la poursuite du crime, dont je me fais un devoir, n'a dit-on pour but secret que de donner le change, et de sauver ainsi l'honneur d'amis dont la maison m'était agréable. Ces bruits tous fâcheux qu'ils sont, ne changent rien à ma conduite; je ne me décourage pas, et je n'en tiens pas moins à ma résolution de ne pas négliger le plus petit indice. On ne cherche à faire taire les méchans et les sots, que par des actions; j'espère que les miennes produiront cet effet. »

Ici la lettre était interrompue; puis reprise sous la date du lendemain; elle se terminait ainsi :

« Hier, au moment où j'allais

fermer ma lettre, une circonstance assez singulière est venue nous donner un rayon de lumière dans cette ténébreuse affaire, il est si faible, qu'il peut aisément se perdre dans l'obscurité qui nous environne. Jugez-en.

» Ma femme, bonne et excellente parente, comme vous savez, vint dans mon cabinet pour me rappeler un devoir que nous imposaient l'usage et surtout l'amitié; il s'agissait de fêter une de nos cousines. J'allai chez mon joaillier, pour choisir quelques jolies bagatelles à lui offrir. Je regardais différents bijoux, lorsqu'une vieille femme mal vêtue, entra dans la boutique, et lui offrit de lui vendre un petit morceau d'argent. Il le prit pour l'examiner, et par hasard je jetai les yeux dessus; c'était un bouton de manche de chemise d'homme grossièrement travaillé. Il me sembla en avoir vu quelque part un pareil; je réfléchis, et tout-à-coup je me rappelai que c'était parmi différentes choses in-signifiantes restées dans le secrétaire de madame S***. Ce bouton m'avait frappé par sa grossièreté, si peu en harmonie avec l'élégance de plusieurs autres objets parmi lesquels il se trouvait; mais ne fit naître alors en moi aucun soupçon, occupé que j'é-tais de sujets si graves Il n'en était pas de même dans le moment où cette femme en voulait vendre un semblable.

» Je fis à la dérobée un signe au bijoutier, qui sous prétexte qu'il était en affaires avec moi, dit à cette vieille, en gardant le bouton, de revenir dans la soirée pour en recevoir la valeur. Elle sortit, et le bijoutier me confia le bouton qui excitait ma curiosité. Je devais aujourd'hui faire lever les scellés apposés aussitôt après la première perquisition, tout étant conséquemment à la même place, il me serait aisé de comparer les deux boutons; je terminai mon emplette, et revins chez moi, fort impatient de voir arriver le moment de me rendre chez madame S***. J'en viens, mon ami, et les boutons sont tellement semblables, qu'il est impossible de douter qu'ils ne fassent la paire. Madame S*** déclara sans aucun embarras, n'avoir jamais vu ni l'un ni l'autre, et même elle ne conçoit pas comment celui qui était dans le secrétaire a pu s'y trouver.

» Je l'ai quittée en lui promettant de lui communiquer le résultat ultérieur de ma découverte. Je retournai chez mon orfèvre qui, d'après mon ordre, avait remis encore la vieille femme au lendemain, à deux heures : elle arriva et me trouva établi à l'attendre. Je lui demandai d'où lui venait ce bouton ; elle me regarda d'un air embarrassé, puis, après quelque hésitation, elle répondit qu'elle l'avait trouvé. — Quand, et dans quel endroit ? m'écriai-je d'un ton brusque et sévère. Je voulais l'intimider, et je réussis, car elle se mit à pleurer et balbutia quelques réponses, protestant de son honnêteté.

» Je la fis arrêter pour lui laisser le

tems de se recueillir, et celui de prendre, de mon côté, sur elle, des informations précises devenues nécessaires. J'appris qu'elle était blanchisseuse, et que, peu satisfaite de la modicité de son gain dans cet état, elle se mêlait de tirer les cartes, pour augmenter son bien-être, en spéculant sur la crédulité des gens de son quartier. C'est, je vous l'avoue, une mauvaise présomption contre elle. Je l'interrogerai de nouveau dans quelques heures; je ne puis attendre pour vous mander ce que j'aurai appris, puisque le courrier va partir, et qu'il faudrait ensuite quatre jours pour vous adresser cette lettre qui doit presser votre arrivée. Venez, mon ami, venez; on a besoin de vous. »

Après avoir lu cette longue lettre, je priai Dieu de couronner les efforts de mon ami, d'un succès qui pût dissiper jusqu'à l'ombre du doute répandu sur la mémoire du conseiller et de sa malheureuse femme. L'espoir que ma présence pourrait soulager son cœur souffrant, me fit hâter mes dispositions de départ; si bien qu'en moins de cinq semaines, je me retrouvai avec émotion en vue des clochers de D**.

CHAPITRE XIV.

SUITE DU POIGNARD DE CRISTAL.

Bien qu'informé que madame S*** m'avait fait préparer un appartement chez elle, je descendis dans un hôtel garni, pour ne pas me mettre dans une position de dépendance qui pouvait devenir gênante, et pour elle et pour moi. Il m'eut été d'ailleurs fort pénible d'habiter une maison dans laquelle j'aurais vainement cherché l'ami, avec lequel j'y avais passé tant d'heures agréables.

A peine descendu de voiture, je me hâtais de me rendre chez le président, lorsque en passant devant l'Hôtel-de-Ville, je vis une affluence considérable de gens qui se pressaient les uns pour y entrer, les autres pour en sortir. Présumant quelque évènement extraordinaire, je questionnai le premier venu; on regarde, me dit-il, le cachot souterrain qui vient d'être préparé pour l'assassin du conseiller S***. — Il est donc découvert, m'écriai-je avec une satisfaction mêlée de surprise. — On l'assure, il faut bien qu'on ait quelque preuve, sans quoi l'on n'aurait point pris ainsi contre lui des mesures si sévères; fait creuser dans la terre, et murer un trou profond et ténébreux, pour s'assurer de sa personne, et pour le forcer à des aveux... Le beau jeune homme, c'est bien dommage ! moi je trouve qu'il serait tems de l'enterrer ainsi tout vif, quand il aurait confessé son crime; et mon complaisant narrateur me quitta en sifflant.

Ses dernières paroles me firent frémir; parler ainsi du supplice affreux destiné à un homme, seulement soupçonné !........ Le cœur péniblement affecté, j'avançai quelques pas. Comment rendre ce qui se passa en moi, quand je vis au même instant le prévenu entouré de soldats, les mains liées, sortir du corps-de-garde et se diriger, suivi d'une foule immense, vers sa nouvelle prison? Un seul regard jeté sur sa taille noble et élancée, sur sa figure belle et pâle, sur ses grands yeux noirs levés au ciel, me fit reconnaître en lui, Hermann Rosen, le plus chéri de mes élèves. Je l'avais élevé, instruit dans sa religion, et préparé moi-même à sa première communion, huit ans auparavant.

Je restai pétrifié, et suivis l'infortuné jusque sous cette terre, qui semble destinée par la nature à dévorer tout ce qui est jeté dans ses entrailles.

Un seul instant avait fait de moi

si ardent à la poursuite du criminel,
le premier défenseur du prévenu. Je
ne pouvais placer le crime, dans ce
cœur si pur, dont tous les sentimens
m'avaient été connus pendant si
longtems. Quelque erreur qu'il importait de détruire promptement,
pouvait seule sans doute, attirer de
si funestes soupçons sur une tête
innoncente.

Je recueillis mes esprits, et d'un
pas rapide, comme si ma présence,
quoique impuissante, était capable
d'arrêter la main de fer de la justice,
je m'acheminai, l'amertume dans
l'âme, vers la maison du président,
dont alors je trouvais le zèle trop
ardent.

— Nous tenons les coupables, s'é-
cria-t-il, presqu'avant de me serrer

la main. L'assassin de **M. S***** est découvert. —Découvert ! — Sans doute.
—Hermann Rosen assassin, est-il possible!—Quoi vous savez déjà son nom?
—Je l'ai vu, et qui plus est reconnu
au moment où on le traînait dans
cette affreuse prison. — Oui , il ne
nous échappera pas. J'y ai pourvu.
—Il est donc convaincu? —Pas précisément, mais à-peu-près, laissez-
moi faire. — Quoi pas encore convaincu, et déjà dans un tombeau!...

La froide sévérité du magistrat
glaça ma langue, et brisa mon cœur;
je pris le parti de l'écouter jusqu'au
bout; sauf à intervenir chaudement
ensuite autant que les lois et ma
conscience me le permettraient.

Le président devinant l'impatience que j'éprouvais de connaître

tous les détails de cette affaire, à laquelle je prenais maintenant un double intérêt; le président pressé par d'autres occupations importantes, me laissa avec son secrétaire, jeune homme fort poli, qui me parut comme moi compâtir au malheur d'Hermann. Il me communiqua l'information, en y mettant une chaleur de sentiment que n'avait pu donner la lecture des pièces du procès.

La vieille femme avait déclaré dans son premier interrogatoire qu'elle tenait le bouton d'argent d'un nommé Hermann Rosen, garçon ébéniste; il lui en avait fait présent quelques mois auparavant, elle n'avait pas alors voulu s'en défaire, parce qu'elle espérait toujours retrouver le pareil, qu'Hermann prétendait avoir perdu chez elle (car il ne lui avait donné l'un que conditionnellement, et dans le cas seulement où l'autre serait bien décidément perdu), elle avait été forcée par la plus profonde misère, suite de pertes inattendues, de le vendre. On lui fit observer que lorsqu'on lui demanda chez le joaillier, d'où lui venait ce bouton, elle avait prétendu l'avoir trouvé : « C'est, repondit-elle, » après une longue hésitation, que » je craignais d'être punie pour avoir » dit alors à Hermann et à sa fiancée, » la bonne aventure, ce que je sais » être défendu. »

Cette femme fut reconduite en prison, et on prit des informations sur le présumé *coupable*, avant de le faire comparaître en justice. Elles

lui furent d'abord toutes favorables;
son ancien maître et ses camarades,
rendirent les meilleurs témoignages
de son caractère et de sa conduite;
seulement cette espèce d'enquête
appela l'attention du public sur ce
que Hermann, simple ouvrier, et
qui s'était plaint souvent de sa pau-
vreté, était devenu tout-à-coup assez
riche pour se faire nommer maître,
se marier, former un établissement,
et monter son ménage. Des voisins
prétendaient s'être aperçus, que
dans les premiers mois de mariage,
il ne vivait pas aussi bien avec sa
jeune épouse, que l'affection de cette
dernière pour lui devait le faire au-
gurer. Il leur semblait aussi avoir remarqué que Hermann avait eu des
relations secrètes, qui excitèrent

vivement la jalousie de sa femme; enfin on se souvint que quelque tems avant leur union il avait travaillé au château du prince et ensuite dans la maison du président de S***, ces circonstances suffirent pour donner de la consistance à de graves soupçons.

On fit donc comparaître Hermann avec sa timide compagne, la vieille femme était présente à leur interrogatoire; le jeune homme paraissait tranquille mais très - pentif. Tous deux convinrent avec calme de la vérité de la déposition de la vieille. Hermann reconnut que les deux boutons lui appartenaient; il ajouta que s'étant aperçu pour la première fois chez la diseuse de bonne aventure qu'il lui en manquait un, il avait cru l'y avoir perdu ; mais que maintenant il voyait bien que ce devait ètre plutôt dans la chambre à coucher de madame S** , où il avait travaillé le même jour dans l'après-dîner ; qu'il ne concevait pas comment ce bouton s'était trouvé dans le secrétaire ; que s'il avait pu s'imaginer l'avoir perdu chez le conseiller, il n'aurait pas tant pressé la vieille de le chercher chez elle. Au reste il ne voyait rien que de naturel, disait-il, à garder un bouton d'argent trouvé ; même sans savoir dans le premier moment d'où il pouvait venir.

Ici il se tut, et parut attendre qu'on lui permit de se retirer. Soudain le juge souleva de dessus la table un mouchoir qui couvrait le poignard dérobé au musée du prince, et ramassé près du cadavre; il demanda brusquement à Hermann s'il le connaissait; le jeune homme parut frappé de surprise : — Non, répondit-il, d'un ton ferme encore. — Vous pâlissez cependant. — J'ai vu souvent M. S***, ajouta-t-il, d'une voix attendrie, il est tout simple que je sois saisi d'horreur à l'aspect de l'instrument de sa mort. — Assurément, reprit le juge, en fixant sur lui un regard perçant, surtout en considérant attentivement cette inscription ; il lut alors d'une voix terrible, ces mots gravés en lettres noires sur le manche d'ivoire du poignard :

«Deux pouces et demi au cœur et la vie a cessé. »

Dans cet instant tous les yeux se

portèrent avec effroi sur la jeune femme qui venait de s'éerier : «Jésus, mon sauveur ! » puis portant la main sur son cœur, était tombée évanouie.

Les assistans furent saisis de pitié et s'empressèrent de la secourir; son mari s'était précipité vers elle ; mais les officiers de justice le retinrent et l'empêchèrent d'approcher. Eh bien, dit-il alors, permettez-moi au moins d'expliquer cet accident ; on ne le laissa pas parler, et il fut aussitôt reconduit en prison.

La jeune femme ayant repris ses sens, on lui fit subir un interrogatoire minutieux, ainsi qu'à la vieille, sur qui l'inscription du poignard avait aussi fait une très-vive impression. Madame Hermann intimidée, fondit en larmes, et fut quelque tems sans pouvoir répondre; enfin, grâce à la vieille, et à la volubilité de sa langue, elle parvint à se remettre. Toutes deux firent des aveux qui purgés de quelques légères contra-dictions, purent se résumer ainsi :

Plusieurs jours après l'assassinat, lorsque Hermann et sa femme ne pouvaient encore songer au mariage, à cause de leur peu de fortune, mal-gré qu'il fut le but de tous leurs dé-sirs, la jeune fille, pour modérer l'impatience de son amant et calmer ses propres ennuis, se détermina à se rendre avec lui chez la diseuse de bonne aventure; elle desirait sa-voir si le sort ordonnait que son amant exécutât le projet qu'il avait formé de se rendre en pays étranger, tâcher de gagner assez pour revenir ensuite s'unir à l'objet de son choix, qui s'opposait à une absence d'autant plus cruelle, que son terme était indéterminé. Hermann résista longtems avant de se rendre à ce qu'il regardait comme une démarche ridicule, il n'ajoutait aucune foi aux prédictions. Mais comment ne pas céder à une volonté ferme de sa chère Lisbeth? Ils allèrent donc chez la sorcière, dans des sentimens bien différents; elle avec toute la crainte que peut donner une superstition poussée à l'extrême; lui avec l'indifférence d'un homme qui n'attache aucun intérêt à ce qui lui sera prédit.

La vieille femme vit tout de suite qu'Hermann était plutôt disposé à se moquer d'elle, qu'à ajouter foi à ses

oracles. Aussi, pour se venger, cher-
cha-t-elle à se donner à ses yeux
toute l'importance qu'elle croyait
mériter. Ayant vainement tenté d'attirer l'attention de cet incrédule par
des révélations faites à Lisbeth, et
puisées au fond d'une tasse de café,
dont le marre lui dévoilait clairement
l'avenir; elle donna à sa physionomie
une expression d'inspirée, et saisissant la main d'Hermann, elle lui proposa, ou plutôt lui ordonna de s'y
faire une incision pour en faire couler quelques gouttes de sang sur un
fer chaud : «Alors, s'écria-t-elle, votre
destinée se déroulera visiblement à
vos yeux. C'est une épreuve que je
réserve pour les incrédules.»

La jeune fille effrayée, s'opposait
à un moyen si violent; mais Hermann,

pour confondre une femme qu'il mé-
prisait, et pour prouver qu'une légère douleur ne lui faisait pas peur,
retroussa aussitôt sa manche, et, ti-
rant en souriant un canif de sa
poche, se fit lui-même à la main une
assez forte coupure : « En voilà, de
mon sang, dit-il à la sorcière ; combien vous en faut-il? Deux gouttes et
demi, répondit-elle. » Ces mots éton-
nèrent Hermann qui, en laissant tomber son sang sur le fer ardent, dit,
d'un ton solennel :

Deux pouces et demi au cœur, et la vie a cessé (1).

Vous avez-là une partie de ma vie,

---

(1) Traduction littérale d'un vers allemand très-connu.

ajouta-t-il, car ce sang vient du cœur.
—A quoi penses-tu donc, lui demanda
la jeune fille, sur qui ces paroles et
le ton dont elles avaient été proférées
avaient fait la plus vive impression.
—*A deux pouces et demi près* je tou-
chais à la fortune, quand, pour mon
salut, ces mots vinrent se placer entre
elle et moi... Allons, à présent, bonne
femme, dites-moi donc ce qui m'est
réservé; car, malgré vos promesses,
je ne vois rien sur ce fer, que quelques tâches de rouille. — Vous serez
prochainement heureux ; mais un
danger imminent vous menacera
presque aussitôt. Püissiez-vous l'éviter, dit, en pâlissant, la vieille! Il y
a dans votre sort plus de *deux gouttes
et demi de sang.* — Quelle sottise que
tout cela, Lisbeth ; tu l'as voulu, j'ai

cédé; mais c'est assez prêter l'oreille à de pareils contes. Allons-nous-en. Alors, en rabattant sa manche, Hermann s'aperçut de la perte de son bouton; et, malgré des recherches faites sur le champ, il ne fut point retrouvé.

La jeune femme, pressée par les juges, avait avoué avec candeur que peu de tems après cette scène, il semblait vraiment que le bonheur leur eut souri. Hermann avait amassé très-promptement assez d'argent pour se faire nommer maître, s'établir et l'épouser. Comment y était-il parvenu? Elle l'ignorait. Tantôt il lui avait parlé d'un petit héritage, tantôt de l'obligeance d'un ami, tantôt enfin de l'un et de l'autre. Au reste, peu lui importait la source de leur fortune, puisqu'elle était bien sûre que son Hermann était incapable de rien faire de blâmable. Le bruit qu'on avait répandu relativement à une mésintelligence survenue entre les deux époux, paraissait tout-à-fait faux, d'après la chaleur que Lisbeth mettait à parler de son amour pour son mari. Aussitôt après l'interrogatoire, on avait fait les recherches les plus exactes dans la maison de l'ébéniste, sans y trouver rien de suspect.

On fit comparaître de nouveau Hermann, qui raconta couramment la scène qui avait eu lieu chez la sorcière, telle qu'elle venait d'être présentée aux juges.

—Ainsi, dit le président, en l'interpellant, vous connaissez le poignard? — J'ai déjà dit que *non*, répondit-il d'une voix ferme. — Comment savez-vous donc l'inscription par cœur? — Je pourrais demander comment elle se trouve sur ce poignard. Dès mon enfance je savais ce vers. — Dans quel sens avez-vous pu dire que ce vers s'était placé entre vous et la fortune. — Je ne vous comprends pas, Monsieur. — Qu'on lui lise la déposition de sa femme et de la vieille.

Après avoir entendu cette lecture : — Comment voulez-vous, dit Hermann, que je me rappelle mot pour mot tout ce que j'ai dit ou pensé il y a plusieurs mois ? — Où vous êtes-vous procuré l'argent de votre maitrise et celui de votre établissement?

— Ces questions m'indignent! Suis-je donc accusé de vol ? Que quiconque

ose attaquer mon honneur se pré=
sente!..,. Depuis quand un citoyen
honnête est-il donc forcé de rendre
compte de ses affaires particulières?
Je ne répondrai plus à rien; et je
pense que vous allez me remettre en
liberté. — Cela est impossible. — Et
pourquoi, s'écria-t-il pâle et troublé?
— Parce qu'il faut que la justice ap-
prenne mille choses importantes
avant de vous faire sortir de prison.
Expliquez-lui comment votre bouton de manche s'est trouvé dans le
secrétaire forcé de madame S**, dites
d'où vous connaissez si bien l'inscription du poignard dérobé au Musée, dans le vestibule duquel vous
avez travaillé; et enfin à qui vous
devez votre fortune subite. — Je jure
par le saint nom de Dieu, que j'ai dit

toute la vérité, et que je ne peux plus rien ajouter. »

On le reconduisit en prison. Dans tous les interrogatoires suivants, il ne s'écarta jamais de ses premières dépositions, et on désespérait de rien découvrir de plus, quand on apprit qu'Hermann Rosen s'était évadé pendant la nuit. La police, en usant activement de ses ressources, réussit à l'atteindre et à l'arrêter en deçà des frontières. Il fut ramené dans les cachots de D**; il était habillé différemment et avec plus de soin. On trouva sur lui une bourse contenant cinquante pièces d'or. Sa fuite et cette somme non-seulement fortifièrent les soupçons qui déjà pesaient sur lui; mais firent encore conjecturer qu'il avait des complices.

Cependant la procédure n'avançait pas; sa femme disait l'avoir vû la nuit de son évasion ; et lui-même, lorsqu'on lui demanda pourquoi il avait fui s'il ne se sentait pas coupable, répondit : « Parce que vous ne voulez que ma perte. J'ai toujours dit l'exacte vérité, et l'on s'obstine à ne pas me croire. Vous pourriez ainsi me tenir prisonnier bien des années; et lorsque ce n'est pas des lois que dépendent l'honneur et le sort d'un homme, mais uniquement du caprice et de la malveillance de ses semblables, il doit mettre tout en œuvre pour reconquérir la liberté qui lui a été injustement ravie. »

Ces paroles irritèrent le tribunal. Autant par nécessité (car les prisons n'étaient pas sûres), que par suite de cette irritation, on résolut de faire construire le cachot souterrain dans lequel il fut enfermé. On ne peut se dissimuler que cette mesure cruelle n'ait été en partie provoquée par l'espoir que les terreurs d'une pareille réclusion, les inconvéniens d'un lieu humide, l'horreur des ténèbres perpétuelles, et l'effroi d'une affreuse solitude, finiraient par arracher un aveu de la bouche du malheureux prisonnier. Tel fut le récit du secrétaire du président.

Pour moi, révolté d'un tel moyen, je me proposai d'en demander la fin à mon ami, dans notre prochaine entrevue. J'en eus l'occasion le jour même, car je passai la soirée avec lui et sa famille.

— Eh bien, me dit-il, mon secrétaire vous a tout conté? Que pensez-
vous d'un criminel aussi obstiné?
— Permettez-moi de vous déclarer
formellement que les mesures de rigueur prises tout récemment à son
égard blessent et révoltent toutes
mes idées et tous mes sentimens;
il existe peut-être assez de circonstances qui peuvent justifier des
soupçons contre lui; mais il n'en
est aucune qui *prouve* son crime; ni
qui autorise la justice à le condamner à un supplice plus cruel que la
mort. L'ordre public exige sans
doute que l'on s'assure de l'homme
prévenu d'un grand forfait; mais
aussi, les principes éternels de la
morale (pour ne pas dire de la doc-
trine chrétienne), n'approuveront

jamais qu'un traitement si semblable
à la peine soit infligé à un infortuné,
lors même qu'il serait convaincu,
tant que les lois n'ont point prononcé sa sentence. — Oh! voilà l'ecclésiastique! — Non; ce n'est que
l'homme qui explique tout le chagrin qu'il éprouve de vous voir aller
trop loin. Je ne vous nierai pas que
j'ai connu autrefois cet Hermann
Rosen; que c'était un garçon pieux
et des mœurs les plus pures: il
a pu, comme tout autre, donner
dans quelques écarts de jeunesse;
mais en vérité, il faudrait qu'il eût
été exposé à des tentations bien
grandes, que dis-je? inouies, pour
être tombé si bas; et mériter,
alors qu'il n'est que soupçonné, des
traitemens à peine excusables envers

les plus atroces scélérats ; quant à moi, une voix intérieure me crie qu'il n'est pas coupable. Sa conduite franche, et parfois emportée , n'est pas celle d'un vil assassin. Le crime, ou se trahit par des contradictions, ou cherche à gagner ses juges par une feinte douceur ; l'innocence seule suit les impulsions du moment, et ne calcule jamais ses réponses, persuadée que la vérité ne peut que lui être favorable.

Tous les témoignages sont d'accord pour peindre Hermann comme probe, assidu au travail, et obligeant pour ses camarades. Il me semble qu'il mérite quelques égards. Des commérages, des apparences le noircissent ! Et n'a-t-il pas cela de commun avec tous ceux qui ont le malheur d'attirer les regards des hommes? Mais, abstraction faite de lui, comment est-il possible, mon ami, que votre âme honnête et sensible, autorise des tourmens auxquels il ne manque que le nom de torture? Est-ce donc ainsi que la justice continuera d'agir dans notre Europe civilisée? Que ferait de plus une vengeance préméditée pour punir un crime avéré? Quelle fausse pitié, que celle du juge qui n'ose prononcer la sentence de mort contre un malheureux qu'il laisse ainsi languir dans une lente agonie! Quel soupçon assez fort pour légitimer une telle rigueur! la mort, plus pitoyable que les hommes, la mort, seule ressource du désespoir, arrive quelquefois au secours de la victime

— Vous peignez vos tableaux avec des couleurs trop sombres, mon ami; votre indignation de chrétien vous exagère les choses sévères que nous commande notre devoir. Rosen nous est déjà échappé une fois, et...

— Peut-on punir aussi cruellement le sentiment inné de la liberté! Le prisonnier cherche à fuir, comme le geolier doit chercher à le retenir dans les chaînes : Hermann éprouve un redoublement de rigueur, et vous n'avez rien fait au gardien négligent chargé par vous de le surveiller! »

Nous discutâmes encore longtems; la famille du président se joignit à moi ponr lui faire adopter des mesures plus douces; mais nos raisons et nos peines n'obtinrent aucun succès. Il promit seulement d'activer la procédure, afin d'abréger tant de souffrances, et je le quittai, pénétré de douleur, après lui avoir rappelé cette maxime : *Il vaut mieux, dans le doute, absoudre dix coupables, que de condamner un innocent.*

L'intérêt que je portais à l'infortuné Hermann me fit retourner le lendemain chez le président. Je le trouvai plus outré que jamais contre mon protégé, qui, pressé et fatigué des questions qui lui étaient adressées relativement à l'argent pris sur lui, s'était écrié avec humeur : « Eh bien, il faut donc dire que j'ai trouvé un trésor ! »

— Vous voyez bien, dit le président, qu'il y a nécessité de dompter une telle résistance à la justice. —

Mais, mon ami, tout être pensant ne doit-il pas se défendre de son mieux? et la faible résistance du désespoir doit-elle exciter la force réfléchie? — Ecoutez; puisque vous aimez tant le prisonnier, il dépend de vous d'être utile à sa cause. Jusqu'ici je vous ai peu parlé de la veuve; chaque nouvelle enquête la fait tellement souffrir! chaque découverte l'effraie, parce qu'elle tremble à l'idée de voir encore couler du sang... Vainement jusqu'ici j'ai cherché à lui démontrer que celui de son époux demandait vengeance; ma présence l'irrite; et elle ne répond qu'avec une extrême répugnance aux questions que je suis forcé de lui adresser sur un crime dont le souvenir est encore si déchirant; il est cependant urgent de tirer d'elle les renseignemens qui, peut-être, nous conduiront à la connaissance de la vérité. J'ai pensé que vous, étranger à cette pénible affaire, vous obtiendriez plus facilement de madame S** les éclaircissemens que je désire. Voyez-la donc, mon ami, et tâchez de la faire parler. Mon greffier qui a bien examiné les pièces d'or trouvées sur Hermann Rosen, croit en avoir reconnu une qu'il avait perdue au jeu contre madame S**, très-peu de tems avant l'assassinat. Elle est reconnaissable en ce que, bien que nouvellement frappée, elle a reçu un coup qui a sensiblement altéré l'effigie; et qui a donné lieu à quelques mauvaises plaisanteries des joueurs opposés au gouvernement. Ils prétendaient que cette fois, le hasard avait mieux agi que la nature. Dans votre entretien avec la veuve, demandez-lui, en lui montrant la pièce que voici, si elle s'en souvient.

Persuadé que je servais le prévenu en cherchant à acquérir des preuves de son innocence, je consentis à la démarche désirée par le président. Madame S***, quoique fort souffrante, me reçut avec une joie sincère; elle me pria de lui permettre de m'appeler *son oncle*, car, dit-elle, d'un ton aimable et caressant, c'est le titre qu'on vous donnait ici autrefois, et je suis si isolée dans le monde, que même une douce illusion devient un bonheur.

J'accordai avec plaisir ce qui m'était demandé si obligeamment; et je me sentis très-disposé à aimer cette femme si jeune, si belle encore, mais prête à succomber aux chagrins dont elle était dévorée. Dès le premier abord sa vue avait effacé de ma pensée les propos que l'on tenait sur son compte; ils ne me parurent plus que le résultat de la basse envie, qui suggère tant d'atroces calomnies. Je me trouvai heureux d'avoir surmonté la répugnance que j'avais éprouvée à entrer danc cette maison, et avant la fin de cette visite, j'avais cédé à l'offre pressante, réitérée souvent, de prendre un logement chez madame S***.

L'expression de sa profonde douleur, empreinte sur ses traits, me rappela plus vivement ce que me prescrivaient, envers une personne affligée, mes devoirs de pasteur; et sans vouloir lui offrir des consolations inutiles pour une perte si récente, je conçus l'espoir de trouver dans la religion tout ce qui, avec le tems, ferait couler ses larmes avec moins d'amertume.

Après avoir, avec tous les ménagemens convenables, parlé de la mort du conseiller, je m'acquittai de ma commission; et lui montrai la pièce d'or, en lui disant que le président pensait qu'il serait important de savoir si elle se la rappelait. — Je ne vois pas, dit-elle, à quelle preuve cela peut mener, car, supposé que ce soit la pièce gagnée au jeu, il y aurait long-tems que je l'aurais dépensée, et Dieu sait par combien de mains elle a pu passer depuis. Au reste je ne saurais dans une circonstance si grave, affirmer rien de positif à l'égard d'une chose si difficile à constater, plusieurs pièces pouvant être semblables.

Je fus forcé de convenir qu'elle avait raison, et ma visite avait manqué son but; mais je m'attachai de plus en plus, et fus ravi d'être venu chez elle. Sa douceur, sa résignation à sa destinée et sa renonciation à toute vengeance me touchèrent profondément. Elle ne pouvait croire non plus qu'Hermann, qu'elle se souvenait bien avoir vu dans la maison, fut l'assassin de son mari; et cette conformité d'opinion ne contribua pas peu à me bien disposer en sa faveur.

Elle me témoigna un grand plaisir

à m'avoir près d'elle. Vous serez à même, mon cher oncle, de faire ce que l'on ne manquerait pas de mal interpréter si j'agissais moi-même, me dit-elle : Priez le président de ne pas se laisser entraîner, par zèle pour un ami, à commettre une grande injustice ; qu'il se rappelle combien mon pauvre mari était loin de pousser ses devoirs à l'exagération ; pour être estimable, elle n'en a pas moins des suites fâcheuses, puisqu'elle peut égarer et faire condamner un innocent. Ce serait ajouter à ma douleur que de me mettre à même de paraître au tribunal. De grâce, tâchez que le sang ne coule plus : c'est ma seule espérance !

Je promis de faire tout ce qui dépendrait de moi pour la satisfaire ;

mais je connaissais assez mon ami pour être certain que je n'obtiendrais pas qu'il déviât un instant du plan qu'il s'était tracé.

Après un délai qui me parut mortellement long, en calculant les angoisses du prévenu, on procéda à un nouvel interrogatoire, auquel j'assistai. Hermann fut amené plus pâle, plus abattu, plus doux que de coutume ; mais non moins résolu.

—Nous espérons, lui dit le président, vous trouver aujourd'hui plus disposé à confesser la vérité.—Je ne l'ai jamais refusée, monsieur ; et je vois trop que ma mort est résolue ; eh bien donc pour en finir plus vite, j'ai pris l'argent, j'ai vu le poignard... Tout était dans le secrétaire.—Il eut mieux valu faire tout de suite cet aveu.—On n'eut pas cru ce que j'avançais, comme il se peut qu'on ne veuille pas me croire encore à présent... Je l'ai prévu depuis longtems. —Parlez sans crainte. — Il y a plusieurs mois, dans le tems que j'étais encore chez mon maître, il m'envoya visiter les meubles de M. S*** pour y faire des réparations nécessaires. Un jour, précisément celui où j'avais promis à Lisbeth d'aller avec elle chez la diseuse de bonne aventure, j'étais occupé à arranger le fatal secrétaire ; j'étais rêveur en pensant que si je possédais seulement une partie de ce qu'il contenait, je n'aurais plus besoin de m'inquiéter de l'avenir. Telles étaient les idées qui me roulaient dans la tête, lorsqu'en frottant la serrure avec force elle céda tout-à-coup. Cet incident fit naître en moi une mauvaise inspiration, et ayant machinalement ouvert quelques tiroirs, je vis qu'ils étaient remplis les uns d'or, les autres de bijoux précieux. J'examinai la serrure qui pouvait se refermer aisément sans qu'elle parût avoir été ouverte. jamais, non jamais je n'éprouvai un si pénible combat : une sueur froide me tombait du front, et mes yeux fixés sur le trésor ne pouvaient plus s'en détacher. J'aperçus alors le poignard à lame de verre et à manche d'ivoire; un mouvement de curiosité me les fit saisir. En y lisant l'inscription qui y était gravée, il me -sembla que c'était comme une épée tirée entre moi et le crime, un avertissement dn ciel ; et je me dis : Tu n'es en effet, Hermann, éloigné du crime que de quelques lignes. Je frémis, et remis en tremblant le poignard à la place d'où je l'avais dérangé. Je refermai vivement le secrétaire....... Aparemment que la fatalité voulut qu'en ce moment un de mes boutons de manche y tombât comme pour amener sur moi un déluge de maux, en punition de mes coupables pensées. Je continuai mon travail éprouvant toujours la plus violente agitation... .—Prenez garde, vous ne dites pas la vérité, Hermann! —Ne l'ai- je pas prédit que vous ne me croiriez pas ; j'ai cependant un témoin de tout ce que j'avance. — Un témoin ! nommez-le donc.— Il se tut quelques instans, puis consterné il dit à voix basse: Dieu est mon témoin!

La simplicité du récit et l'air con-
fiant et ouvert du prévenu produi-
sirent sur l'auditoire un effet remarquable; le président lui-même, pour
la première fois, ne put se défendre
d'éprouver quelque émotion; mais
la surmontant promptement : — Accusé Hermann, vous avez annoncé
que vous aviez pris de l'argent, lui
dit-il. Hermann pâlit. — Ai-je oublié
tout-à-l'heure de le répéter? — Sans
doute. — Eh bien! je l'avais mis
dans ma poche avant de fermer le
secrétaire; c'était une bagatelle, en
comparaison de tout ce qui était à
ma disposition. — Où aviez-vous
caché cette somme, pendant que
vous étiez en prison? — Je l'ai en-
fouie dans mon jardin. — Vous et
votre femme avez cependant assuré

que vous n'aviez pas mis le pied chez vous la nuit de votre fuite. — Nous nous sommes trompés.

Cet interrogatoire ne me satisfit pas; j'en causai longtems avec le président qui avait repris toutes ses préventions. J'étais affligé et ne savais que penser : il y avait, selon moi, dans la première déclaration d'Hermann, une expression de vérité si simple, si persuasive, que la singulière contradiction qui résultait de l'aveu d'un vol d'argent, me déroutait complètement. — Tout cela, me dit le président avec aigreur, n'est qu'un tissu de mensonges. Malheureusement, les dernières dépositions de ce misérable, vont probablement mettre en cause madame S***, pour qu'elle soit confrontée avec l'accusé,

afin de lui donner un démenti formel ; car elle a affirmé ne pas connaître le poignard qu'il prétend
avoir vu dans le secrétaire. Il est de
toute nécessité que je sois fixé à cet
égard : veuillez donc prévenir madame S** de ma visite.

J'allai tout lui raconter : elle m'é-
couta avec la plus grande attention ;
et lorsque je répétai ce qu'Hermann
avait dit relativement au poignard,
elle se récria sur l'absurdité de cette
assertion ; et prétendit que cet
homme était sûrement fou. Elle paraissait très-émue, et, les yeux en
pleurs, elle m'assura que, malgré
cette fausseté, elle ne pouvait croire
Hermann Rosen coupable ; qu'il n'a-
vait pu prendre l'argent trouvé sur
lui, puisqu'il ne manquait rien de ce

que contenait le secrétaire, et que, quant à la pièce d'or que l'on désignait, elle ne lui avait été donnée que longtems après l'époque où le secrétaire avait pu être ouvert; ce que M. le greffier pourrait certifier lui-même, en consultant bien sa mémoire.

Je fis part de cette conversation au président qui pensa que le mensonge d'Hermann, au sujet de l'argent, prouvait seulement qu'il l'avait volé autre part; mais la déclaration du prévenu, relativement au poignard, lui semblait d'une plus haute importance; car en avouant qu'il l'avait vu avant le crime, il avait confirmé, et presque changé en certitude, le soupçon jusqu'alors vague qui planait sur sa tête, mais qui

ne suffisait pas pour le faire condamner. Je lui représentai que le
récit d'Hermann, dans son interrogatoire, dont la simplicité l'avait
ému lui-même, paraissait au contraire établir son innocence, et, dans
tous les cas, lui donner droit à
quelque adoucissement dans son affreuse position. — Non, me répondit-il avec sang-froid; car nous
perdrions les avantages que cette
même position nous a fait obtenir, et
pourtant tout le monde s'intéresse à
lui et me taxe de trop de rigueur; moi-
même je le plains, mais que faire?
— Ce n'est pas à moi à vous donner
des conseils dans une affaire si étran-
gère à mes paisibles fonctions : votre
propre expérience et votre sagacité
peuvent seules vous suggérer... —

Ainsi donc vous ne voulez pas m'aider dans cette tâche difficile qui m'est imposée, et vous vous contentez de vous lamenter? Il faut alors rendre grâce aux lois et à l'esprit du siècle qui, en abolissant la torture de fait, en consacrent une négative, et nous donnent ainsi les moyens de dévoiler le crime et de démasquer ses auteurs... Que voulez-vous parier que j'atteindrai mon but?

Ces paroles, prononcées d'un air de triomphe me firent frémir. Je n'avais vu, dans les aveux tardifs d'Hermann qu'un mensonge évident, fruit d'un désespoir qui ne craint plus même la mort; et qui, au contraire, la cherche comme le seul terme de douleurs inouies. Plus on déployait de sévérité, plus ce malheureux tâcherait d'aggraver les soupçons qui pesaient sur lui, et je rentrai chez mon hôtesse, désespéré de la tournure que prenaient les affaires de mon protégé.

Comme de coutume, elle vint au-devant de moi, et recueillit avec avidité chacune des réponses que je faisais aux questions qu'elle m'adressait sur Hermann. Je lui savais un gré infini de l'inquiétude avec laquelle elle m'écoutait : je ne lui cachai pas ma vive émotion; je fus étonné de la sienne, qui passait ce que peut inspirer la simple pitié. Madame S** me parut livrée à un combat intérieur : son teint changeait vingt fois en une minute, et son tremblement m'effraya. Enfin, prenant ma main, elle balbutia ce qui suit.

— N'est-ce pas, mon cher oncle, que je dois avoir en vous une entière confiance ?... Oh! venez à mon secours, car au milieu de tous mes doutes; je ne puis prendre de détermination... Cependant il faut parler... Sauvez, oh! sauvez un infortuné qui... certainement il est innocent.

— Remettez-vous, chère nièce... d'où vous vient la certitude de sa non-culpabilité?... — D'où?... Ecoutez... mais jurez-moi... Je connais l'assassin de mon mari. — Comment! m'écriai-je, frappé de surprise et reculant involontairement ; comment, vous le connaissez, et vous avez jusqu'ici pu vous taire, lorsque ce malheureux gémit dans un cachot horrible? Ah! que vous êtes coupable, vous! — Je ne pouvais

me résoudre à déclarer la vérité,
mais le remords rongeur me tue; je
veux m'en délivrer. Eh bien, l'assassin est... (elle me regarda fixement
pendant quelques minutes, comme
pour pénétrer dans mon âme, et
paraissant se remettre, elle ajouta):
Est-ce que vous ne le devinez pas?...
Mon mari s'est tué. — Lui!... —Hermann n'a pas menti, poursuivit-elle
avec chaleur; sachez donc qu'il a
véritablement vu ce fatal poignard
dans mon secrétaire... Je l'ai nié jusqu'ici; je le devais, puisque la présence de l'instrument du meurtre me
décélait la main qui s'en était servie.
Je voulais ménager la mémoire de
M. S***, et la préserver du blâme de
sa famille et de la société. Je pré-
voyais que l'on mettrait cet acte de

désespoir sur le compte de la légèreté dont on m'accuse... Je me suis
tue... j'ai fait plus encore... l'argent...
le pauvre Hermann le tient de moi;
je le lui ai fait remettre, peu de
tems avant sa fuite, par sa femme.
Ses souffrances non méritées me dé-
chiraient le cœur, et j'espérais que
son éloignement ferait mettre entièrement de côté l'affreuse procédure.
Vous savez tout; maintenant agissez
en ami, en pasteur; ménagez la mémoire de mon mari, et ma réputation. — Je vais parler au président,
lui dis-je tout troublé. — Cela est indispensable, je le sens; mais ne lui
dites pas une parole de trop. Secou-
rez le malheureux; au nom de Dieu,
je vous en conjure, laissez ignorer
que je me suis servie de sa femme;

car elle et moi nous nous sommes jurées, sur les saintes écritures, un silence éternel. Si une nouvelle évasion pouvait ensevelir à jamais cette affaire, prenez la moitié de ma fortune, prenez-la tout entière s'il le faut; mais n'oubliez pas, mon cher oncle, que bien plus que ma vie est entre vos mains. »

Je fus attéré de tout ce que je venais d'entendre; et ne pouvais expliquer l'excessive exaltation que je remarquais dans madame S**. Sans doute, il était douloureux d'avoir laissé planer de graves soupçons sur une tête innocente; mais puisque, pendant plusieurs semaines, elle avait eu le courage, ou plutôt la cruauté, de vouer aux larmes le malheureux Hermann et sa femme,

pourquoi ce repentir tardif et si ex-
pansif? Je ne m'expliquai pas non
plus le motif d'un silence si criminel; car enfin le suicide est repréhen-
sible sans doute, suivant les hommes,
et condamné par le monde avec juste
raison; mais il.ne déshonorait pas la
mémoire du conseiller, au point
d'autoriser la dissimulation de madame S***. Mon intérêt pour elle fut
affaibli de tout celui qui s'ajoutait.
à ce que m'inspirait Hermann.

Je cherchai à calmer madame S***,
et la quittai, lorsqu'elle fut plus
tranquille, pour me rendre chez le
président, bien résolu d'être entièrement franc avec mon ami, de me
fier à sa droiture, à son attachement
pour M. S***, pour la suite de cette
affaire. J'allai le trouver : il parta-

gea mon étonnement et tomba dans une profonde rêverie, dont il ne sortit que pour me faire répéter tout ce que m'avait dit la veuve; il m'engagea à revenir le lendemain, et au lieu d'exaucer mes prières pour adoucir le sort du prisonnier, il me déclara simplement qu'il allait différer ses interrogatoires.

CHAPITRE XV.

SUITE DU POIGNARD DE CRISTAL.

Le jour suivant, j'arrivai chez le président qui, venant à moi d'un air satisfait, me fit asseoir près de lui sur un canapé. — Vous m'avez fait passer une nuit bien agitée, me dit-il... Mais c'est passé maintenant. J'ai de bonnes raisons de supposer que madame S*** s'est fait une illusion qu'elle a voulu nous faire partager. Votre récit d'hier m'a beaucoup surpris, quoiqu'il n'eût rien de bien nouveau pour moi. Mais enfin, malgré toute sa vraisemblance, et après y avoir long-tems réfléchi, je n'adopte pas la croyance de madame S***; la conscience d'une faute, ne fût-elle que simple légèreté de jeunesse, suffit pour tourmenter les êtres les plus parfaits. Ecoutez; le secrétaire a été brisé; le conseiller l'aurait-il fait pour y prendre le poignard dérobé au Musée du prince, et se donner la mort? Et supposé que les pièces d'or

trouvées sur Hermann aient été remises par madame S***, nous ne sa-
vons pas encore où il a pris l'argent
dont il a eu besoin plus tôt pour se faire
maître et se marier. Il reste toujours
plus vraisemblable qu'il s'est emparé
au Musée du poignard, ainsi que
d'autres effets précieux qui ne sont
point encore réclamés. Je vous avoue-
rai aussi que cette reconnaissance
subite du poignard, et l'aveu d'avoir
donné de l'argent au prévenu, firent
naître en moi le soupçon assez vif,
quoique révoltant, d'une liaison intime entre lui et la veuve. Mais ras-
surez-vous, j'ai été désabusé. Je sais
par expérience jusqu'où peut conduire la pitié chez les femmes, surtout lorsque, comme dans le cas présent, une simple supposition est

devenue une idée fixe. C'est pourquoi je regarde la déposition de madame S** comme une tentative pour sauver un homme qu'elle suppose innocent. Il n'est pas vrai qu'il ait reçu de l'argent d'elle. Admirez avec moi la providence; c'est précisément à ce prétexte que je dois une nouvelle découverte. Mes soupçons m'ont conduit ce matin chez la femme du prisonnier. Après quelques détours nécessaires, je lui déclarai savoir positivement que les pièces d'or trouvées sur son mari lui avaient été remises par elle-même, mais qu'elle les avait reçues d'une dame de distinction. Elle me regarda avec un étonnement qui ne me parut pas feint, et nia ce fait; ce qui me conrfima dans l'opinion que la remise de cette somme à Hermann de la part de madame S** était une invention de votre hôtesse, que la jeune femme assurait ne pas connaître personnellement. Lisbeth me confessa cependant dans son trouble que son mari était venu la voir la nuit de sa fuite, mais qu'il n'avait pris que le tems de changer de vêtemens, de l'embrasser et de se faire éclairer par elle pour monter dans son grenier; où, à sa grande surprise, elle le vit prendre, dans un coin, derrière des lattes, un petit rouleau d'or qu'il emporta. Je puis d'autant moins douter de la sincérité de cette déclaration, que j'ai vu moi-même l'endroit où l'argent a été caché; et, qu'en l'examinant attentivement j'y ai encore trouvé une pièce d'or que Hermann,

pressé de fuir, a probablement laissé tomber.

J'ai été plus loin encore dans mes
recherches. Ayant remarqué que les
joues de Lisbeth se coloraient lorsque
je parlais d'une dame; me souvenant
des bruits que l'on avait fait courir
sur la mésintelligence d'Hermann et
de sa femme. Je sus réveiller la jalousie de cette dernière, et l'embar-
rassai si bien de questions, qu'elle
finit par m'avouer que souvent son
mari n'était rentré que très-tard chez
lui, et qu'il avait même passé dehors
une partie de la nuit de l'évènement.
Que dites-vous de cela, mon ami, le
défenseur officieux?—Je suis de votre
avis relativement à l'argent, mais je
ne puis croire que le poignard dans
le secrétaire soit une invention de

madame S***. Mettons encore plus de circonspection dans les questions que nous lui adresserons; fiez-vous à ma prudence, je saurai parvenir à lire dans son âme.

Dans un interrogatoire que le président fit subir au prisonnier, il convint que tout ce que sa femme avait dit à l'égard de l'argent était vrai en tous points.

Le même jour je fis observer à madame S*** que dans une circonstance semblable, c'était un devoir sacré de dire sans restriction toute la vérité, et que cherchant, n'importe par quelle considération, à l'altérer, elle pourrait attirer sur elle-même, des soupçons, que la conviction de ses principes vertueux avait écartés jusqu'à ce jour. Je lui dis aussi sans aetour que sans une déclaration plus positive de sa part au sujet du poignard, le prisonnier perdrait plus qu'il ne gagnerait à son aveu; car l'identité de cette arme avec celle dérobée au musée, était parfaitement établie; et Hermann avait avoué la connaître, d'où il résultait que le poignard avait quelque rapport avec la source de son aisance subite.

Je savais bien, dit-elle, en soupirant, d'un air blessé, qu'il en serait ainsi. La justice ressemble à l'aimant; elle attire, pour s'emparer ensuite de toute notre existence, par la force absolue de sa puissance, contre laquelle on lutterait en vain. Quoique je puisse dire, je ne satisferai pas son exigence. Mon mari m'a lui-même montré ce poignard;

je le gardai plusieurs jours, mais je le lui rendis...... Voilà tout ce que j'en sais.

Elle se tut et réfléchit quelques instans, puis soudain, comme si son cœur était soulagé d'un grand poids, elle s'écria avec vivacité : ne serait-ce pas le prince Benno qui l'aurait apporté ici? Il n'a jamais remis le pied dans cette maison, depuis le fatal évènement; sûrement lui aussi aura été offensé par les traits vagues qui ont couru.... Il ne me convient pas de me présenter chez lui, mais vous mon cher oncle, voudriez-vous vous charger de lui remettre une lettre? J'espère, dit-elle, avec un regard qui implorait le Giel, que cette démarche, faite par un homme aussi pieux que vous, produira un bon effet. Racontez au prince tout ce dont vous avez été témoin, mes larmes, mon désespoir, enfin dites-lui tout ce que votre cœur vous inspirera.

Elle se mit à écrire, cacheta la lettre, dont j'ignorais le contenu, et qui était soigneusement cachetée; je me dirigeai vers le château du prince, qui me reçut immédiatement; il me parut troublé lorsque je lui dis qui m'envoyait, prit la lettre, rompit le cachet, et lut avec une agitation extrême; une rougeur foncée suivie d'une pâleur mortelle passa sur son visage, avec la rapidité de l'éclair; il fit ensuite quelques pas dans la chambre, s'arrêta brusquement, et me congédia sans me donner le tems de parler, me promettant qu'il aurait le jour même un entretien avec

le président, relativement à Hermann.

Je revins fort mécontent d'une
réception à laquelle je ne m'attendais
pas, d'après l'affabilité ordinaire de
son altesse. Je rendis compte de tout
ce qui s'était passé à madame S***,
qui parut tranquille, en apprenant
la promesse du prince, dont la conduite m'inspirait peu d'espoir; je
n'avais remarqué en lui que de la
colère, du dédain, et pas la moindre
bienveillance. L'affaire en général,
prenait une fâcheuse tournure, et se
compliquait de plus en plus; et je
commençai à désespérer d'une issue
favorable; aussi fut-ce avec un violent
battement de cœur, que je me rendis
le soir chez le président. Lui demander
s'il avait vu le prince, fut ma pre-

mière parole. — Oui il m'a fait appeler, dit-il avec humeur. — Eh bien? — Eh bien, il m'a engagé à terminer promptement une procédure, qui, à ce qu'il prétend, scandalise la cour et la ville. — Il n'a rien dit de plus? — Il m'a fait un reproche, ou plutôt une question qui contenait un reproche d'autant plus amer que je n'ai rien négligé, surtout relativement au point sur lequel il a fixé mon attentiou. Puisqu'on parle d'un vol, m'a-t-il dit, avez-vous bien fait rechercher s'il n'y avait pas dans la demeure du prisonnier, des clefs qui ouvrent des portes de la maison de M. S***. Vous savez, continua le président, que je n'ai rien trouvé de suspect chez Hermann, mais je n'ai pas pensé à examiner la clef de la

porte d'entrée, et je ne puis croire.....
—Eh quoi le prince ne vous à pas
parlé du poignard? — Comment
cela?

Alors je lui fis confidence des
suppositions de madame S***, et de
la commission dont elle m'avait
chargée auprès de son altesse. Je vous
dirais presque de ne plus me parler
de cette femme, mon ami; si le prince
savait quelque chose d'important qui
put servir à détruire un faux soupçon,
contre qui que ce fut, il ne se tairait
sûrement pas; et n'aurait besoin
d'être sollicité par personne pour
être juste. Toute question importune
dans une affaire aussi sérieuse que
celle-ci, a dû inévitablement offenser
son altesse; aussi, ne m'a-t-il pas dit
un mot du poignard.

Découragé au dernier point, je retournai chez moi d'autant plus triste, que je sentais que par mon imprévoyante bonté, je m'étais laissé entraîner dans des démarches dont il ne pouvait résulter que des choses pénibles pour moi. Je ne marchais qu'à tâtons dans l'obscurité des faits, et je n'étais pas même rassuré par la droiture de mes intentions.

Madame S***, qui guettait mon retour, vint encore au devant de moi d'un air inquiet et alarmé, en lisant dans mes regards, l'état de mon âme, me regarda avec frayeur, et pâlissant, me conjura de ne lui rien cacher, et de lui dire si le prince n'avait pas tenu ce qu'il avait promis. Je lui rendis compte de ce que j'avais appris, et la priai de ne plus se mêler de cette pénible affaire, qui pourrait finir par la compromettre. — Quoi, dit-elle, le prince n'a rien fait en faveur de ce malheureux ? — Rien, absolument rien. — Homme insensible et barbare !........ Eh bien moi je le sauverai..... Mais non, hélas, je ne puis plus rien faire pour lui.

Elle se couvrit le visage de ses deux mains, et de violents sanglots étouffèrent sa voix. Son état excita ma pitié, et quoique je ne pusse me dissimuler que la sienne passait les bornes des convenances, je lui prodiguai tous les soins d'un sincère attachement. Ils furent longtems sans succès, et ses larmes coulaient avec une véhémence dont j'étais effrayé. Enfin je ne la quittai que lorsque je la trouvai plus calme; après lui avoir déclaré qu'aucun de nous ne devait désormais chercher à éclaircir ces ténèbres, par de fausses lueurs, qu'à l'Eternel seul, appartenait le droit de faire jaillir la lumière, et que je ne me permettrais plus la moindre démarche dans cette affaire. Il m'était devenu difficile de différer mon départ, car dans ma résidence ordinaire, des malheureux aussi me réclamaient! Cependant les opérations d'exécution testamentaire n'étaient point encore terminées; il fallait me hâter de les finir, et pour chasser de mon esprit de pénibles pensées, je travaillai le lendemain matin avec une telle application que j'entendis à peine mon domestique m'annoncer que le président était chez madame S*** ; il fallut qu'on m'appelât une seconde fois, pour me décider à descendre chez elle. Mon ami venait de sortir, et la femme de chambre ne voulant pas me laisser entrer chez sa maîtresse en me disant que madame S*** s'était sentie tout à coup si mal qu'elle ne pouvait recevoir personne. Je me rendis chez le président, convaincu que j'allais apprendre un nouveau malheur. Il était allé à la salle d'audience où il avait indiqué pour le matin même un autre interrogatoire, on me pria de l'attendre. Que le tems me parut long ! que de réflexions se succédèrent dans mon imagination ! que de tristes pressentimens affligèrent mon âme ! Je ne me reconnaissais plus ; mon calme habituel avait fait place à une agitation qui ne me permettait pas de rester en place quelques minutes de suite; enfin le président entra d'un air serein, il m'apprit qu'il espérait enfin toucher au but, et que tout était devenu clair comme le jour, du moins à ses yeux; et qu'Hermann était l'assassin. — Il en est donc convenu!—Pas en termes clairs; mais nous le tenons pour convaincu ; chose étrange , ajouta-t-il en appuyant sur ses paroles, que je doive la découverte de cette preuve complette, à la question du prince, et par conséquent à la lettre qui lui a été écrite pour sauver le coupable? Quoique je n'eusse aucun espoir d'obtenir un éclaircissement par l'examen des

clés, l'observation de son altesse
m'avait chagrinée ; c'est pour cela,
autant que pour ne pas lui déplaire,
que j'ai envoyé chercher le matin
toutes les clés de la maison d'Hermann.
Mes regards se fixèrent sur l'une
d'elles dont une partie se trouvait
limée ; sa jeune femme m'avoua que
son mari l'avait lui-même arrangée
ainsi, parce que, selon lui, elle n'allait pas bien ; elle était devenue un
véritable passe-partout. Je l'ai prise,
et vous devinez, mon ami, où j'ai
porté mes pas. Cette clé ouvre non-
seulement la porte du jardin de
M. S***, mais aussi la petite porte qui
communique de celui-ci à la maison.
Toutes mes observations précédentes
me sont revenues à la pensée : Hermann avait travaillé autrefois dans

la maison ; il lui avait été facile alors de prendre ses mesures. Je ne me suis donné que le tems de féliciter madame S** d'une découverte qui éclaircissait tous nos doutes, et je suis revenu au tribunal faire comparaître le prisonnier. A la vue de la clé, il a été très-ému ; il a dit qu'il la reconnaissait, et qu'il y avait limé quelque chose lui-même ; mais lorsque, fixant sur lui un regard pénétrant, je lui ai demandé comment il se faisait que cette clé ouvrait parfaitement la porte du jardin de la maison du conseiller, il est tombé sans connaissance sur le plancher. — Oh ! ciel ! — Bientôt revenu à lui, il a dit, d'une voix presque éteinte, qu'on le reconduisît en prison, et qu'on disposât de lui comme on l'entendrait, qu'il voyait bien qu'il serait condamné.

Depuis lors, il n'a plus nié l'assassinat, mais il n'est pas convenu non plus qu'il en fut l'auteur, et on lui a souvent entendu répéter ces mots : *Ils ne voudront jamais se convaincre de mon innocence, ainsi ils n'obtiendront plus une parole de moi.*

En effet, depuis ce moment il s'est refusé à donner une explication détaillée de la manière dont les choses se sont passées : quand on insistait, il se bornait à lever les yeux au Ciel. Mais toutes les circonstances s'accordent si bien entre elles, et s'élèvent si fortement contre lui, qu'on ne s'est plus arrêté aux légers doutes qui restaient à dissiper. — Comment, il est condamné ? — Pas encore ;

mais il le sera indubitablement. A la vérité, il reste encore à savoir comment sa victime avait été transportée dans la chambre à coucher de madame S***, et comment ce jeune homme, d'une conduite, disait-on, exemplaire, a pu se rendre coupable d'un crime aussi horrible. Voilà, il faut en convenir, ce qui ne peut s'expliquer. Quant à moi, je pense qu'Hermann, au moment où il venait de briser le secrétaire, aura été surpris par M. S***, et qu'alors, ayant perdu la tête à la vue d'un danger si imminent, il aura saisi le poignard qui était sous sa main. Toutefois, ce n'est là qu'une conjecture que je ne puis donner comme une certitude. C'est demain que le jugement sera prononcé, et je ne

crois pas possible qu'il soit favorable.

Je me retirai désolé, et m'enfermai
dans mon appartement pour prier
avec ferveur pour cet homme, criminel suivant toute apparence, que
j'avais connu un enfant si pur et si
plein de bonté! ce ne fut qu'en
tremblant que j'attendis le jour suivant la décision du tribunal, où je
n'osai me rendre.

Hermann Rosen fut condamné, à
l'unanimité, au supplice de la roue! La
dernière tentative faite pour l'amener
à la confession de son crime, après
la lecture de la sentence, ne produisit aucun effet. Il l'avait écoutée d'un
air sombre, et depuis cet instant ne
protesta plus de son innocence.

Madame S** était hors d'elle-même lorsque je la vis en rentrant. Elle semblait n'oser plus le croire innocent, mais il lui paraissait étrangement cruel, que la sentence prononçant la peine capitale sur un crime aussi incomplètement prouvé, pût s'exécuter sans que l'on eût au moins obtenu l'aveu formel du condamné. Quoique très-affaiblie, elle demanda une voiture, et, sans s'arrêter à la crainte que sa démarche serait mal jugée par le monde, elle voulait aller se jeter aux pieds du prince pour implorer son intervention en faveur du malheureux Hermann, lorsqu'elle apprit que son altesse était inopinément partie pour la *résidence*. Muette d'effroi, elle rentra dans sa chambre. Elle savait que l'envoi du jugement au prince, pour être modifié ou confirmé par lui, n'était qu'une formalité, et qu'il avait pour règle invariable de ne jamais dévier du texte de la loi. Cependant, au grand étonnement de tout le monde, et surtout du président, la peine d'Hermann fut commuée en celle d'une prison perpétuelle.

Je ne pus me réjouir de ce que l'on appelait une grâce, et qui ne me parut qu'une prolongation de supplice. Ainsi s'accomplirent toutes mes prédictions, ainsi se réalisèrent toutes les craintes que j'avais autrefois manifestées au président, au sujet de l'entrée de cet infortuné jeune homme dans le cachot souterrain.

Je me hâtai de quitter une ville

qui ne m'offrait que des souvenirs pénibles ; et après avoir mis en règle les affaires qui m'avaient été imposées par la confiance du conseiller, je pris la route de mon paisible presbytère, où mes fonctions si douces, affaiblirent ce que mon séjour à D** m'avait laissé de tristesse. Je redoublai de zèle auprès de mes paroissiens, et en cherchant à calmer leurs peines, en enseignant à leurs enfans les vertus sublimes de notre religion, je parvins à oublier tout ce qui m'avait si vivement affecté pendant quelques semaines.

Quatorze années s'étaient écoulées depuis la condamnation d'Hermann, lorsqu'un jour de courrier on me remit une lettre en même tems que la *Gazette.* J'allais ouvrir cette lettre, lorsque mes yeux furent frappés de lire au haut d'une colonne un article daté du 25 septembre 178... Je frémis ; je laissai tomber la lettre, et je lus dans le journal l'article ainsi conçu :

« Un événement affreux vient de plonger notre ville dans le deuil. Hier, vers une heure après midi, s'éleva tout-à-coup un violent ouragan, accompagné de grêle et de tonnerre, au moment où notre prince Benno, déjà avancé en âge, revenait à cheval, du château à la ville, suivi d'un petit nombre de personnes.

» Il piqua son cheval pour arriver plus tôt ; mais en coupant une petite rue, près du jardin de madame S**, veuve du conseiller (dont la mort fut la suite d'un crime si atroce, il y

a plusieurs années), et au moment
d'atteindre la maison, une enseigne
mal fixée fut détachée par le vent,
et tomba d'un second étage devant
les pieds du cheval de son altesse.
L'animal, effrayé, se cabra; le
prince voulut le forcer d'avancer,
les pieds du cheval glissèrent sur
une dalle de pierre lisse qui s'élevait
au-dessus du pavé; il fut renversé
avec le prince, dont le crâne fut
brisé contre une grille de fer. Son
altesse expira sur-le-champ. »

La lettre que j'ouvris alors vint
aussi réveiller tous mes tristes souvenirs : elle était de madame S***.
Consumée par le chagrin, elle suc-
combait à une maladie de langueur.
Elle me suppliait, au nom de tout
ce que j'avais de plus cher, et par

son salut éternel, de venir la voir
sans délai, ayant à me communiquer
des choses de la dernière importance, qu'elle ne pouvait confier
qu'à moi, et qui, enterrées avec elle,
entraîneraient des malheurs irrépa-
rables.

Un ecclésiastique devant toujours
tout sacrifier au repos de ses semblables, je crus de mon devoir de
me rendre aux instances d'une
mourante, et peu de jours après,
j'étais assis auprès de son lit de douleur. Je la trouvai dans le plus dé-
plorable état, et tellement changée,
qu'il m'eût été impossible de la reconnaître, si je n'avais été prévenu
que j'allais la revoir.

CHAPITRE XVI.

FIN DU POIGNARD DE CRISTAL.

Cher oncle, me dit-elle d'une voix
faible, en me serrant les mains avec
une vive tendresse, permettez à une

femme indigne de votre estime, de vous donner encore ce nom........ ce sera presque me purifier, et m'absoudre de toutes mes fautes, dont le remords me conduit au tombeau... et surtout sauver ce malheureux Hermann, dont l'innocence est positive, quoiqu'il m'ait été impossible d'en démontrer l'évidence. Ce n'est que maintenant hélas! après quatorze ans d'angoises inexprimables que j'ai des preuves convaincantes, que je puis parler et soulager ma conscience bourrelée du poids si lourd qui l'oppressait!....... Hermann de Rosen n'est pas coupable du meurtre de mon mari.... — Grand Dieu est-il possible! et l'infortuné languit depuis si longtems dans une prison. —Oh ne m'accablez pas, cher oncle;

il me faut de la force pour exécuter ce que je projette, ne me la ravissez pas en me maudissant..... — Un ministre de Dieu pardonne et ne maudit pas! — Quel bien vous me faites! Je connais l'assassin...... et je le nommerai..... Ce qui se présentait trop obscurément à mon esprit pour le révéler à la justice, je le vois clairement aujourd'hui à la lueur des flammes de l'enfer !......
— Calmez-vous ma nièce, le repentir peut beaucoup. — Je dois délivrer l'innocent; je le dois, quand même la ville, quand même le prince et le monde entier rejetteraient mes preuves, il faut que je les produise; vous, du moins, ne les rejetterez pas; votre âme si pure consentira à soutenir la mienne.....

Sachez enfin qui fut l'assassin de mon époux..... Le prince Benno !..... — Quoi, m'écriai-je, saisi d'horreur, ce n'est qu'après la mort de ce monstre que vous rendez hommage à la vérité. — Ecoutez, écoutez mon effroyable histoire ; bientôt je ne pourrais plus vous la dire ? J'ai été coupable, bien coupable, . et je suis punie plus qu'aucune femme n'a pu l'être.

Les premières années de mon mariage ne furent pas malheureuses, vivant dans une grande aisance, obtenant de mon mari les égards que j'en attendais, le respectant comme il le méritait, je vivais tranquille et estimée. Je ne connaissais les passions, ni par moi, ni par les autres. Le prince Benno, frère de l'électeur, fut introduit chez moi ; et je me vis bientôt poursuivie de son amour. Il m'accablait de protestations qui ne me faisaient aucune impression ; mon cœur n'étant nullement touché de sa passion ; ce qui n'empêcha pas mon mari de concevoir la plus violente jalousie, et dèslors je n'eus plus un instant de repos. Le prince m'inspirait chaque jour plus d'aversion; mais piqué de ma froideur, il redoublait d'efforts pour la vaincre, et M. S** était persuadé que son altesse ne se résoudrait pas à supporter de longs dédains, pensait que nous étions d'accord, et que tout ce que je lui disais de ma répugnance pour le prince, étaient autant de faussetés; et chaque jour de nouvelles persécutions s'exercèrent dans mon intérieur. Je finis par ne pas savoir quel était celui des deux que je détestais le plus, ou de mon mari ou d'un homme qui avait bouleversé toute mon existence. Avec ce sentiment nouveau, je sentis en même tems s'éveiller dans mon âme une soif de vengeance contre mes deux tyrans, et je cherchais à leur faire également sentir à quel point ils m'étaient odieux.

Un jour le prince, à la suite d'une conversation qui avait eu lieu chez moi, parla du poignard de cristal comme d'une antiquité rare. Je témoignai le désir de le voir. Toujours empressé de saisir les occasions de m'être agréable, il me l'apporta le lendemain; il me dit qu'il appartenait au Musée de son frère, dont il avait la clé, et d'où il ne l'avait tiré que pour me le montrer. Après avoir satisfait ma curiosité, je le posai près de moi ; et son altesse, se livrant de nouveau à l'expression de son fastidieux amour, oublia qu'il devait remporter cette arme précieuse. Ce ne fut qu'après son départ que je m'en aperçus ; et, pour ne pas donner une nouvelle raison à mon mari de déployer sa jalousie, je serrai le poignard dans mon secrétaire, où j'avais aussi enfermé beaucoup de lettres, que le prince trouvait toujours le moyen de me remettre malgré moi. Je ne pouvais les refuser sans risquer qu'elles ne fussent trouvées ; d'autant plus que, dans le commencement, lorsque je ne voyais encore dans cette correspondance qu'une plaisanterie, j'étais assez satisfaite, par vanité, d'un commerce épistolaire qui n'avait rien de dangereux.

A cette époque, Hermann, que j'entrevoyais rarement, travaillait chez moi. Un matin, après avoir été obligée de me dérober aux importunités du prince, et de supporter une nouvelle scène de mon mari, je rentrai irritée et désolée dans ma chambre, à une heure à laquelle je n'avais pas coutume d'y aller. Quelle fut ma surprise, lorsque je vis dans la glace, en face la porte entièrement ouverte, un très-beau jeune homme travaillant à mon secrétaire.

Sa noble figure me frappa, comme si je l'apercevais pour la première fois ; et je ne fus point étonnée de tout le bien que mon mari avait dit d'Hermann, d'après des rapports. Il me paraissait hors de son état par l'élégance de sa tournure, son éducation et ses manières. Je le regardai longtems; et je sentis s'éveiller en moi un feu qui ne demandait qu'un objet pour l'allumer. Je me rappelai avec plus de force toute la colère que me causaient les procédés du conseiller, et l'ennui dont le prince m'excédait; et ce fut avec plus de plaisir encore que je considérai les traits calmes et presque souffrants de celui que je voyais. Mes regards attachés sur lui, ne pouvaient s'en détacher..... Ce fut dans ce moment que le secrétaire s'ouvrit!.... Tout ce que Hermann a avoué dans son interrogatoire est vrai mot pour mot, tout, excepté le vol. Ce fut alors que je me montrai, et lui donnai des louanges sur sa conduite. Il les reçut avec une modestie qui augmenta ce qu'il m'inspirait, et ce que je ne m'avouais pas. Mais mon exaspération contre mes persécuteurs changea une simple préférence en une passion désordonnée, que je ne voulus pas combattre, l'appelant au contraire à mon aide pour m'aider à me venger de tout ce que l'on me faisait injustement souffrir depuis si longtems. Enfin, mon oncle, je ne cachai point à Hermann l'impression qu'il avait produite sur mes sens égarés. On disait que j'étais belle alors; il le trouva pour notre malheur à tous deux..... Cher oncle, permettez-moi d'abréger cette partie cruelle de mon récit, qui achève d'épuiser le peu de forces qui me restent.....

Nous fûmes coupables!.... Accablez-moi de votre mépris, je le mérite, je le sais; mais ne blâmez pas trop cet infortuné, déjà trop cruellement puni; ne le blâmez pas de n'avoir pu résister à tout ce que je fis pour l'entraîner à partager une passion dont j'eus si promptement à me repentir, puisque Hermann m'avoua, peu de tems après, son amour pour une jeune fille sage et jolie, à laquelle il avait promis sa foi. Honteuse de mon égarement, je voulus pourtant le réparer en partie, en assurant le bonheur de Lisbeth, si digne d'être heureuse.

Espérant vaincre la passion coupable qui me dévorait, je procurai à Hermann les moyens d'acheter sa maîtrise, et d'épouser Lisbeth. Il refusa longtems mes bienfaits, et ne les accepta qu'à la condition qu'il s'acquitterait peu-à-peu avec moi sur ses bénéfices. Je lui demandai de me voir quelquefois comme amie, et le menaçai, s'il me refusait, de me livrer à mon désespoir... Il m'obéit, mais sa contrainte et sa tristesse, lorsqu'il était près de moi, faisaient de nos entrevues un véritable supplice auquel je ne pouvais cependant renoncer, espérant toujours être moins malheureuse au rendez-vous suivant. Oh ! mon oncle, je vous dois l'aveu de tout ce que mon cœur renfermait d'égoïsme... Oui, j'espérais à la longue me faire préférer à sa femme.. Quelle illusion !.. Elle était vertueuse et j'étais si criminelle !...

Nos entrevues étaient rares et de

peu de durée; n'ayant, comme vous pouvez le penser, aucun confident, il fut forcé de se charger de limer lui-même la clef fatale, pour rendre nos rendez-vous moins dangereux, car je n'osais déranger de sa place la clef véritable, dont mon mari se servait souvent.

Le prince crut avoir découvert, non sans fondement, qu'il avait un rival heureux; il pénétra un soir sans se faire annoncer dans le cabinet près de ma chambre; je l'avais toujours reçu dans mon salon. Il me fit les reproches les plus amers, comme s'il en eut eu le droit, et sans nommer personne, il se permit des plaisanteries ironiques sur des visites nocturnes d'un amant favorisé, et sembla (j'ignore comment il y était

parvenu) n'être que trop bien instruit.

A la fin poussée à bout par des discours, qui me choquaient d'autant
plus qu'ils étaient mérités, je répon-
dis avec tout le mépris et la colère
imaginables ; il était hors de lui,
tantôt désespéré et irrité de voir son
amour dédaigné, tantôt se jetant à
mes pieds pour protester de la violence de sa passion, et solliciter ma
pitié, et jurant qu'il ne survivrait
pas à la certitude de mon indifférence
pour lui, et de ma préférence pour
un autre. Je me rappelai le poignard,
et ravie de le narguer, je courus le
prendre dans mon secrétaire, et le
lui présentai en l'invitant à en
faire usage, puisqu'il était bien positif que je ne l'aimerais jamais. A ces

mots si offensants, il se leva furiieux, m'arracha le poignard de la main, et jura de le conserver pour servir sa vengeance, s'il était sacrifié à un autre homme, quel qu'il fut.... Il n'a que trop bien tenu sa parole... Il a fait une victime!... L'infortuné Rosen expie encore un crime que sa main n'a pas commis...

La douleur de madame S*** redoubla dans ce moment, et elle fut plusieurs minutes en proie à des convulsions effrayantes; d'abondantes larmes vinrent à son secours, et s'étant remise elle continua ainsi :

Une dernière fois le prince s'approcha et me déclara avec un sang-froid qui me surprit, après l'état où je l'avais vu quelques instans auparavant, que je ne lui échapperais pas, et qu'à tout prix, et telle chose qui pût arriver, je serais à lui. Il cacha le poignard sous son manteau, arracha du mur, où elle était accrochée, la clef de la petite porte du jardin, et sortit en me disant que si cette nuit je persistais à le repousser, je sentirais dès le lendemain le danger de braver un homme comme lui, et du moins la porte de mon mari lui serait ouverte. Je restai seule, en proie à de cruelles incertitudes. Je ne savais s'il n'avait eu d'autre but que de m'effrayer, ou si réellement il avait quelque preuve convaincante contre moi. Je flottais dans ces terribles pensées, lorsque mon mari entra dans ma chambre.

La visite secrète du prince venait de lui être révélée, et sa colère ne connaissait plus de bornes. Comme s'il eut pressenti le projet de son altesse, il le déjoua en donnant des ordres pour qu'on attelat ma voiture, et me fit partir sur le champ pour la *résidence* , ne me permettant de prendre que ce qui m'était indispensable pour la route, se réservant de m'envoyer le reste de mes effets plus tard.

Quand je m'approchai du secrétaire d'où je voulais, sous prétexte de prendre de l'or, retirer les lettres du prince, mon mari me barra le chemin; j'insistai, il finit par me permettre d'y prendre ce que je désirais d'argent, mais comme il était près de moi et ne perdait pas un seul de mes mouvemens, je ne pus toucher une seule feuille de papier. Je refermai le secrétaire avec une humeur dont il ne m'avait que trop donné l'habitude, et j'apposai mon cachet sur la serrure; ce qui lui fit demander avec un air sardonique, si je prenais cela pour le sceau de Salomon, qu'aucun instrument ne pouvait briser. Je descendis sans répondre, il m'accompagna jusqu'à la voiture, qui s'éloigna avec une extrême rapidité.

Je ne revis plus M. S***..... Vous n'en savez que trop les raisons..... Le jour suivant je fus rappelée à la ville, mais ce fut pour le trouver mort!...... Dieu de quelle horreur mon cœur fut saisi!... La plus cruelle incertitude agitait mon esprit! Que de choses pouvaient s'être passées pendant cette nuit terrible!..... Le prince, Hermann, mon époux n'avaient-ils pu se rencontrer ?.....: A mon entrée dans la chambre ou gisait le cadavre, la vue du poignard me fit naître le soupçon de la vèrité. Le prince était l'assassin, et ce soupçon devint presque une certitude, lorsque m'approchant du secrétaire ; je vis qu'il avait été forcé sans doute par mon mari. Tout y était encore, excepté les lettres du prince; mais ce qui au fond n'était plus douteux pour moi, devait se confirmer de la manière la plus funeste.

J'ignore encore cependant comment s'est passé l'évènement de la mort de mon mari. Le prince l'a-t-il pris pour le rival préféré; y a-t-il eû une querelle entre eux? Ce qui serait très-probable, d'après la violence de leurs caractères, son altesse ayant pénétré dans ma chambre, y ayant trouvé mon mari, n'a-t-il vu d'autre moyen de sauver ses lettres, et de ménager mon honneur et sa propre réputation? Tout cela continue d'être couvert d'un voile épais.

Je pense que cette dernière supposition peut-être la plus vraisemblable. Le prince n'est jamais revenu chez moi depuis l'assassinat, ce qui donne un grand poids à mes soupçons..... Hermann n'y revient pas non plus, mais par des causes bien différentes.... L'infortuné!..... Ce ne fut pas la crainte de l'ombre de la victime immolée qui l'en éloigna, mais ce sentiment intérieur de son offense secrète envers M. S***, et la résolution de respecter sa mémoire,

depuis la catastrophe, je ne l'ai vu qu'une fois, et un seul instant!.....

Je ne soupçonnais pas que le bouton trouvé dans le secrétaire, fut à lui. Je cherchais en vain à expliquer comment il y avait été lorsque le président me fit part de la disposition de la vieille femme, et prononça le nom d'Hermann Rosen.... Ce nom m'effraya.... Un pressentiment affreux anéantit toutes mes facultés. J'entrevis dès-lors la punition affreuse de mes erreurs!.... J'étais venue éloigner de toutes ses paisibles habitudes, cet homme si irréprochable avant de me connaître, et ma funeste influence allait, je n'en doutais pas, s'appesantir sur lui, et l'envelopper dans l'opprobre qui m'accablait!.

Le soir même du jour où le président m'avait informée d'un fait qu'il ignorait me toucher autant, je me déguisai de mon mieux et me rendis chez Hermann. Je voulais le prévenir, et lui faire prendre la fuite. Son absence seule pouvait me rassurer sur les suites de cette affaire. Le hasard me servit. Hermann était sur la porte de sa maison; il me reconnut, pâlit, et se recula en refusant de me voir. Je le suivis dans son jardin, et j'insistai tant pour lui parler, que j'obtins enfin qu'il consentît à m'écouter. Je le priai de dire ce qui s'était passé dans cette fatale nuit.

Il me raconta que dans la nuit du meurtre, il s'était rendu chez moi à l'heure accoutumée, ignorant mon départ subit; mais que, ne recevant pas le signal convenu entre nous, et n'apercevant pas de lumière dans ma chambre, il se retirait derrière les arbres, lorsque soudain la grille du jardin céda doucement, pour laisser entrer un petit homme enveloppé d'un manteau gris, qui passa rapidement près de lui, ouvrit la porte secrète et disparut. Presque aussitôt, ma chambre fut éclairée ; mais cette clarté ne dura qu'un instant, et il vit repasser avec plus de précipitation le même personnage, qui suivit le même chemin pour sortir.

D'après ce récit de Hermann, je jugeai que je ne m'étais pas trompée dans mes soupçons, que je ne lui communiquai cependant pas. Je lui dis seulement en tremblant où et comment son bouton de manche avait été trouvé. Je lui fis pressentir les suites inévitables de cet indice, le conjurant de fuir, afin de nous épargner le danger qui nous menaçait l'un et l'autre. Il croyait n'avoir rien à redouter ; il me dit que quand même il y aurait quelque courage à rester, il devait l'avoir, puisque ce serait donner le droit de suspecter son innocence, que de quitter D** ; que, dans tous les cas, je pouvais me tranquilliser, puisque, telle chose qui pût arriver, il ne dirait un mot qui pût me compromettre. Il devait justifier par sa conduite la préférence que je lui avais accordée, et il était heureux de saisir une occasion de me prouver qu'il était digne de mon attachement pour lui. Ce fut avec un calme si grand qu'il me parlait, que

je vis qu'il serait difficile de le persuader; cependant je mis tant d'in-
stance pour l'engager à recevoir
quelque argent, qui pourrait peut-
être lui être utile, en cas qu'il se dé-
cidât à fuir, qu'il consentît à l'accepter. C'est celui qui fut trouvé sur lui.

Comme nous étions encore en-
semble, sa femme rentra. Je baissai
sur mes yeux une grande coiffe noire,
et je disparus sans être vue d'elle....
Vous savez le reste. Mais ce n'est
qu'à présent que vous pouvez vous
expliquer ma conduite et mon silence!.... Mon silence! qui nous a
coûté si cher!..... Il m'a consumée
lentement; et je sens que le principe
de ma vie est prêt à s'éteindre.

Cette chambre, où se commit un
crime épouvantable, est devenue

pour moi le temple du plus poignant repentir. Je n'ai jamais manqué, aux jours anniversaires de la mort de mon mari, d'y passer quelques heures; expiation déchirante de mes fautes!.. La dernière fois que j'y entrai, je me trouvai plus accablée que jamais. Quoique ce fut dans une matinée de septembre, le tems était si lourd, si épais, que j'eus besoin d'air. Je me traînai vers la fenêtre pour l'ouvrir et respirer. Je distinguai dans le lointain quelques personnes à cheval; et, sans me rendre raison de ma terreur, un frisson violent me saisit, et me retînt à la même place, sans que mes yeux pussent se détourner de cette cavalcade, qui s'approchait toujours. Un coup de vent épouvantable détacha la persienne de la croisée près de laquelle j'étais assise, et le prince périt, lancé sur cette grille de fer qu'il avait franchie après avoir commis un horrible assassinat.... Je m'évanouis.... Et lorsque je repris connaissance, j'étais dans mon lit, entourée de mes gens attirés par le bruit de ma chute, et tout effrayés encore de la mort tragique du prince. Je ne me suis plus levée depuis. La mort est là !....

Le vieux valet de chambre de son altesse m'apporta un paquet que son maître lui avait confié depuis longtems, avec ordre de me le remettre si je lui survivais. Il contenait les lettres enlevées de mon secrétaire. Sur l'enveloppe étaient écrits, d'une main tremblante, ces mots presque illisibles : *sauvées au prix d'une âme!*

Parmi ces papiers, se trouvaient toutes les lettres que je lui avais écrites, et celle que vous lui aviez remise de ma part était à moitié déchirée. Je l'y suppliais de chercher à sauver l'innocent Hermann, en déclarant au président que mon mari avait reçu le poignard de lui. Il avait écrit au haut de ce fragment : *j'ai juré sur cette arme la mort du misérable qni me serait préféré. Mon silence acquitte aujourd'hui mon serment....*

Voilà, mon oncle, toute la vérité. Maintenant abandonnez-moi, et courez sauver la victime de mes égaremens.... Bientôt je ne serai plus !..... Que j'emporte au tombeau la certitude qu'une mort de plus ne me sera pas reprochée par l'éternel.

Madame S** épuisée, me parut au

dernier période de ses maux. Elle s'était interrompue plusieurs fois pour prendre des cordiaux qui lui donnassent la force d'achever son récit; et dès qu'elle n'eût plus à remplir la tâche qu'elle s'était imposée, toute son énergie l'abandonna. Je ne crus pas devoir, au moment où elle allait paraître devant son juge suprême, l'accabler de reproches qu'elle se faisait elle-même avec tant de sévérité. Je l'exhortai à compter sur la miséricorde divine. Je lui laissai l'espoir que son repentir obtiendrait sa grâce d'une bonté infinie; et après avoir déposé sur son front humide et glacé le baiser de paix, je la quittai pour réfléchir aux moyens de sauver Hermann. Peu d'heures après, madame de S*** ne souffrait plus !...

Les renseignemens que je recueillis sur le caractère du commandant de la prison, me remplirent d'espoir; cependant mon âme était vivement émue, en pensant que j'allais rendre à la lumière un infortuné qui en était privé depuis plus de 14 ans. Le président étant mort, les démarches que je devais faire pour la liberté de Hermann, devaient être longues. Je résolus de confier la vérité au gouverneur, d'obtenir de lui la permission de voir le prisonnier pour le préparer au changement survenu dans son sort, et de concerter ensuite avec les magistrats et lui les moyens de réussir, sans couvrir de honte la mémoire du prince. Je me dirigeai vers la prison avec une agitation que je n'avais jamais éprouvée, et mon cœur se

serra douloureusement lorsque, passant sur le pont-levis, j'entrai dans
l'étroite cour de ce lieu de souffrance.
Grâce à Dieu, m'écriai-je, bientôt j'en
sortirai avec mon pauvre protégé!

Je fus introduit auprès du gouverneur, qui me reçut avec la plus
grande bonté. Enhardi par cet ac-
cueil, je balbutiai le desir de voir
Hermann Rosen. — Hermann Rosen ,
répéta-t-il lentement, comme cherchant à se rappeler qui se nommait
ainsi; en effet, il a été ici; mais voici
trois ans que nous l'avons enterré
sans bruit!.....

Ici finissait le manuscrit.

CHAPITRE XVII

ET DERNIER.

La lecture du manuscrit de M. de
Saint-Sêves produisit sur nous une
impression extrêmement pénible,

par des motifs différents ; cette histoire nous laissa une tristesse que nous ne pûmes vaincre que par une promenade, dans les délicieux environs de Baville.

Ces messieurs discutèrent longuement sur la nécessité d'abolir la peine de mort, qui souvent atteignait des hommes aussi innocents que le malheureux Hermann, puisque les magistrats les plus probes, les plus éclairés, et les plus animés des meilleures intentions, pouvaient être induits dans une erreur, dont les suites sont terribles, et sans appel pour l'infortuné ravi à la société ; et livrent à des remords éternels ses juges égarés!...

Madame de Sainval et moi ne prîmes aucune part dans ce qui fût dit pour et contre un objet d'une si haute importance; nous nous attendrîmes sur le sort de cette victime de discrétion, et nous nous révoltâmes du rôle odieux que jouait madame S*** dans cette tragique aventure. Rien ne justifiait le, fol égarement qu'elle avait fait partager à Hermann; appartenir au sexe d'une semblable personne nous paraissait presqu'une honte. On peut excuser des faiblesses qu'une grande passion fait commettre, mais comment pardonner l'oubli de toutes les convenances, de tous les sentimens qui nous sont commandés par la nature, lorsque le cœur est froid, et qu'une imagination déréglée est le seul motif que la coupable puisse alléguer pour sa justification ? le silence de madame S*** si long, si décisif, était un véritable crime qui nous trouva sans pitié. Un seul mot eut sauvé Hermann, et il n'avait pas été prononcé par celle à laquelle il sacrifiait sa vie en se taisant!!.. le respect pour un prince le plus vil des hommes, avait entraîné à la mort, l'infortuné si digne d'un autre sort!...

Pour nous distraire des réflexions pénibles suscitées par notre lecture, il fut décidé que nous irions visiter le château de madame la comtesse de G... qui n'était qu'à peu de distance de notre habitation. M. de Réville nous assura que nous serions forcés de rire, malgré nos pensées mélancoliques en voyant l'extrême prétention de la plus laide femme qu'il connut; on voulut vainement lui faire observer qu'il était mal de se rendre chez quelqu'un avec l'intention de se moquer de ses ridicules, et qu'il valait mieux diriger notre promenade d'un autre coté il persista; et comme il ne cédait jamais qu'avec une extrême humeur, et qu'elle eut attristée le peu de jours que nous devions encore passer aux *Buttes*, on se décida à faire sa volonté.

Ses amis habitués à son entêtement, et à sa susceptibilité excessive trouvaient tout naturel, d'éviter de le contrarier; pour bien vivre avec lui, et tout en étant étonnée d'une exigence qui s'étendait sur moi, comme sur une ancienne connaissance, je faisais comme les autres, avec une facilité dont j'étais surprise, plus encore que de l'espèce de petite tyrannie, qu'il exerçait sur ceux qui l'entouraient. Je le craignais presque, quoiqu'il n'eut sur moi aucun droit, entraînée sans doute par l'exemple du reste de notre société, tout ce que j'osais me permettre, lorque ses volontés ne me convenaient pas, était quelques observations hazardées tout bas, et qui cessaient à la moindre réponse brusque, dont il n'était point avare.

Il en fut de même pour cette course qui me déplaisait souverainement; ce ne fut qu'avec une extrême répugnance que je consentis à la faire, n'étant dans ce pays, que comme un oiseau de passage, je ne me souciais point d'y établir de nouvelles relations, que je perdrais de vue ensuite; mais madame de Sainval, devait une visite de politesse à madame de Gr... qui avait souvent envoyé savoir des nouvelles de notre malade; elle l'eut ajournée si je ne l'avais accompagnée., il fallut donc me résigner à la suivre chez sa bizarre voisine; je me promis bien de ne pas m'amuser d'un travers, qui devait plutôt inspirer la pitié, puisqu'il exposait une femme à la risée générale

Après avoir traversé un pays vraiment enchanteur, nous arrivâmes chez madame de Gr... Nous attendîmes longtems dans le salon avant d'être admis près d'elle; et M. de Réville exerça tout à son aise la caus

ticité de son esprit, en nous disant
mille folies sur les préparatifs que
l'on faisait pour nous recevoir. Enfin
un valet-de-chambre vint nous annoncer que madame la comtesse
relevant de couches, nous faisait
prier de passer dans sa chambre à
coucher, où elle nous attendait.

Nous entrâmes dans un appartement recherché, et lorsque nos yeux
furent habitués au petit jour qui s'y
répandait au travers d'élégantes dra-
peries, nous vîmes madame de Gr...
étendue sur une chaise longue. Sa
toilette prétentieuse faisait ressortir
davantage tous les désagrémens de
sa grotesque figure. Une taille entièrement tournée, une peau noire
et huileuse, des traits irréguliers, et
une physionomie maussade et dure,

en faisaient la personne du monde la plus désagréable. Loin de paraître savoir à quel point elle avait besoin de dissimuler tant de défauts extérieurs, elle prenait toutes les attitudes les plus capables de les faire paraître dans tout leur jour, et ses *poses* étudiées d'après l'*antique*, nous mettaient à même de distinguer au travers le peignoir de mousseline surchargé de broderies et de nœuds couleur de rose, la bosse la plus prononcée, les mains les plus grosses attachées à des bras longs et maigres, et les pieds les plus larges et les plus plats. Malgré tout le desir de déconcerter le projet peu charitable de M. de Réville, madame de Sainval et moi nous ne pûmes nous empêcher de rire en observant toutes les petites mines de coquetterie de cette étrange figure grimaçant pour montrer des dents affreuses.

M. de Mairan craignant qu'elle ne s'aperçût de l'effet qu'elle produisait sur nous, s'empressa, pour détourner son attention, de s'informer des nouvelles de sa fille. Il fallut alors entendre des détails interminables sur ses souffrances passées. M. de Réville, fatigué de cette conversation sans intérêt pour nous, l'interrompit brusquement en lui demandant comment elle comptait passer sa convalescence. — Ne pouvant, lui dit-il, recevoir beaucoup de monde, comme vous en avez l'habitude, madame, et obligée de ne pas prendre l'air pendant plusieurs semaines, je crois que vous vous ennuyerez fort. — Quand on a le goût des arts, reprit-elle, on sait se passer d'une foule importune ; et dans un petit cercle qui permet de se livrer à tout ce que la musique, la peinture et la littérature offrent d'enchanteur, on jouit du plus grand de tous les bonheurs.—Cependant vous vous le procurez rarement. — Je suis si obsédée à Paris ! mais ici je pourrai faire enfin tout ce qui me plaît. — Ainsi, madame, vous allez, quoique sur une chaise longue, chanter et peindre : cela est admirable ; et vous seule pouvez trouver le moyen d'arranger un piano et un chevalet dans une telle position.—Ah ! malgré ma passion pour ces arts consolateurs, je ne pourrai, d'ici à quelque tems, me livrer à leur culture ; mais j'ai des compensations dans ce château..

M. l'Huillier est ici; il a la bonté de me faire de la musique tous les soirs, et il a amené avec lui deux dessinateurs qui, le matin, me font mourir de rire, en *croquant* quelques caricatures. — Ce n'est pas près de vous qu'ils doivent être inspirés dans ce genre. — Comment, M. de Réville galant, mais c'est un miracle! tant de ridicules se font remarquer dans la société, que ces messieurs travaillent de souvenir; et je vous assure que rien n'est plus étonnant que cette facilité de reproduire de mille manières l'image de femmes laides et d'hommes horribles. C'est vraiment charmant! — Je vois, madame, que vous êtes réduite au rôle d'admiratrice, en attendant que vous le cédiez à vos hôtes. — De mieux en mieux. Savez-vous que la société de ces dames vous a changé totalement? Vous n'êtes plus brusque le moins du monde. C'est dommage, pourtant, car quelquefois vos boutades étaient fort piquantes. — Eh bien, puisqu'elles vous plaisent, je vais m'empresser de les reprendre, et commencerai en vous avouant que je suis étonné du choix d'ar_tistes que vous appelez près de vous; leurs talens peuvent être très-réels, mais leur genre me paraît singulier. — Si vous entendiez *le Cuirassier*, *Jean Jean*, *c'est des bétises d'aimer comme ça*, et plusieurs autres chansons du même auteur, vous seriez de mon avis. Rien n'est original comme ces compositions. — Original, soit; mais je suis à concevoir le succès de pareilles inspirations, puisées dans un estaminet ou un corps-de-garde; elles me paraissent du plus mauvais goût. — Ne parlez pas ainsi, M. de Réville, car vous vous feriez jeter la pierre par toutes les merveilleuses de notre faubourg. — Il n'attend pas pour cela mon sentiment sur M. L'huillier, je vous assure; et comme j'ai le malheur de ne pas être de leur opinion pour des choses plus graves, je me sens le courage d'affronter encore leur blâme dans cette circonstance. — Mais vous êtes en opposition non-seulement avec le faubourg Saint-Germain, en critiquant les chansons de M. L'huillier, mais avec tout Paris qui en rafolle. — Je puis vous dire que je vais dans beaucoup de maisons, où l'on ne voudrait pas les entendre, parce que l'on y pense avec raison, qu'un salon n'est point une caserne, et que ce qui est très-convenable pour une réunion d'hommes, égayés par le vin de Champagne, devrait être évité dans celles où se trouvent des jeunes femmes et des demoiselles. — Comment! vous libéral exagéré, vous voilà plus *prude* que nous autres *ultras*! — J'ignore, madame, ce que vous entendez par libéral exagéré et ultras, mots usés qu'il faut laisser de côté; mais je suis sûr que les arts n'ont qu'un but; c'est d'ennoblir les idées, en procurant d'agréables distractions, et que ce serait les dénaturer complettement que de les appliquer à des sujets ignobles. Je ne m'habituerai ja-

mais à voir des femmes, considé-
rées par leur conduite parfaite et
leur esprit distingué , s'amuser en
écoutant des paroles graveleuses,
rendues plus expressives encore par
l'intention et la manière de les
chanter de l'auteur. — Parce que
vous avez été en Italie, voudriez-vous
donc nous condamner à n'aimer que
vos éternelles cavatines italiennes;
et ne permettrez - vous pas aux
Français de nous plaire ? — Personne, au contraire, ne désire plus
le bonheur et la gloire de mes
compatriotes; et c'est pour cela que
je voudrais entendre les morceaux
d'Auber , d'Hérold , ailleurs qu'au
théâtre.—Ce sont toujours de grands
airs à périr d'ennui.—Eh! bien alors
exécutez les charmantes romances

de MM. Panseron , Andrade et de madame Duchambge. —Toujours du larmoyant , du sentimental , c'est pour en mourir, vous dis-je. —Alors je vous proposerai les chansonnettes gracieuses de M. Charles Plantade , qu'il chante avec tant de charme et de naturel. Il est gai, amusant, quelquefois trivial, mais jamais de mauvais goût, encore moins indécent ; et c'est ainsi que j'entends ces petites débauches du talent qui veut animer une soirée. —Vous voilà décidément *collet monté* à renverser. — Mais non, madame, seulement je voudrais ne pas vous voir autoriser, par votre approbation, la peinture de mœurs qui ne peuvent frapper vos regards. Irez-vous courir les plus populeuses guinguettes pour vous assurer de la

vérité des scènes qui s'y passent ?
ferez-vous venir chez vous une compagnie de cuirassiers, pour savoir si leurs discours se rapportent à ceux qui vous ont charmé, avec un accompagnement de trompettes et de piano ? Non sans doute; ainsi c'est un contre-sens choquant pour moi, que cet enthousiasme du noble faubourg pour tout ce qu'il y a de plus bas dans notre langage. Que M. l'Huilier applique sa facilité à quelque chose de moins ignoble, et je l'applaudirai volontiers; mais jusque là je crierai tout haut ce que je pense sur ses compositions.

Nous nous empressâmes de demander la permission de parcourir le parc, afin de terminer cette dispute, qui déjà contractait violemment le laid visage de la maîtresse de la maison, et ce fut avec un vrai plaisir que nous échappâmes à l'aigreur qui eût suivi une contrariété rarement éprouvée par madame de Gr...., accoutumée à n'être jamais contredite

Une grande fortune, un beau nom, une chère délicate, attiraient chez elle de nombreux désœuvrés qui, pour continuer à y être bien reçus, trouvaient le courage de l'assurer qu'elle était charmante, et lui rendaient les soins les plus assidus. On citait même plusieurs jeunes gens qui en avaient été réellement amoureux; on eut autrefois accusé madame Gr... de les avoir ensorcelés. Après un exemple pareil, quelle femme oserait s'enorgueillir de quelques succès! Il est quelquefois si difficile d'expliquer ceux obtenus dans le monde, qu'en vérité on n'y doit attacher que peu d'importance.

Après nous être promenés long-tems dans dans un très-beau jardin à l'anglaise, nous revinmes faire nos adieux à madame de Gr..., et reprîmes la route de notre montagne, que nous devions quitter le surlende-main.

En arrivant à la chaumière, la mère Jacques me remit une petite caisse qui venait de Paris. N'atten-dant rien, cet envoi me surprit d'au-tant plus qu'il n'avait été annoncé par aucune lettre. Ma fille plus curieuse encore que moi, était très-impatiente de voir déballer la boîte; notre hôte ayant apporté les outils nécessaires, le couvercle fut promptement ôté,

et je trouvai au milieu de beaucoup
de papier coupé un écrin de maro-
quin rouge. De plus en plus étonnée,
je l'ouvris promptement; il contenait
une fort jolie parure d'aiguemarines,
et un petit billet de M. de Mesnard
qui me mandait de la part de S. A. R.
madame la duchesse de Berry, qu'elle
m'adressait ce souvenir comme un
témoignage du plaisir qu'elle avait
éprouvé en lisant dans *Paris en Province*, la preuve que mon cœur n'a-
vait point oublié ce qu'elle avait fait
pour des Français malheureux (1).

(1) Je ne saurais dire combien je fus
heureuse de ce présent, non assurément
pour sa valeur; mais par l'idée que ma
reconnaissance avait adouci quelques-uns
des cruels momens de l'exil de cette prin-

M. de Mairan, après m'avoir féli-
citée sur un présent dont comme moi
il sentait tout le prix, décacheta un
paquet de lettres qui lui était adressé,
et nous annonça qu'il allait partir
dans une heure, venant de recevoir
un *billet de garde.* — Quoi! s'écria

---

cessé si bonne et si indignement calom-
niée, depuis que des fautes, qui lui sont
étrangères, l'enveloppent dans une affreuse catastrophe ! j'ai cru devoir rap-
porter ce nouveau trait du caractère de
madame la duchesse de Berry, pour
mieux faire apprécier la générosité de
son âme ; et quoique le succès obtenu
près d'elle soit le plus doux pour mon
cœur, on ne me fera pas l'injure de
croire qu'aucun motif personnel m'ait fait
parler de ce fait si intéressant pour moi.
Tant de voix s'élèvent pour proclamer des
mensonges, contre celle qui toujours vint
au secours de l'infortune, qu'il doit être

en riant M. de Réville, vous êtes de la garde nationale? — Sans doute; je n'ai pas comme vous l'honneur d'être député pour être exempté de veiller à la sûreté de mes concitoyens et à la mienne. — Mais votre âge vous en dispense. — Non pas, s'il

---

permis à la vérité de répondre par le récit fidèle des actions de la princesse.

Cette parure m'a été apportée de *Massa*, par un Anglais qui a passé plusieurs jours dans cette ville. Il m'a donné sur S. A. R. des détails bien opposés à ceux que l'on se plaît à répandre contre elle, Loin de courir les spectacles et les fêtes, elle vit fort retirée, et sa maison est composée comme celle d'une particulière. Là comme ici elle se fait bénir de tous les malheureux, et cherche par de nouveaux bienfaits, à se consoler des ingrats qu'elle a faits. Voilà ce qui m'a été dit, et ce que j'ai cru devoir répéter.

vous plaît, car je n'ai que 58 ans. —Vous conviendrez qu'il est plaisant de voir *un Carliste* faire sa faction à la porte du Palais-Royal.— Il serait plus singulier encore qu'un Français refusât de se soumettre à ce qui peut empêcher le trouble dans son pays. Dans des momens comme ceux dans lesquels nous sommes, toutes les nuances d'opinions doivent céder aux intérêts généraux ; et je crois que tous ceux qui pensent comme moi, agissent de même, et sont prêts à risquer leur vie pour prévenir tous les désastres qui succèderaient à une division, dans le corps dont je fais partie. — Vous serez remplacé, et vous pouvez fort bien rester ici. — Honoré par mes camarades du grade de sergent, je dois les remercier de leurs suffrages en m'en rendant digne par mon exactitude; et comme on me mande qu'il y a de l'agitation à Paris, je vais prier la mère Jacques de tout preparer pour mon départ, car je dois partager le danger de ma compagnie. — Quel zéle exemplaire?—Comment vous en étonnez-vous, après les services incroyables qui ont été rendus depuis un an par la garde nationale? —Je ne m'en étonne pas, j'y applaudis, et suis seulement fâché, que tant de dévouement ne soit pas apprécié comme il devrait l'être, par les hommes qu'il a protégés (1). —

____

(1) Entre mille exemples de l'ingratitude portée à la garde nationale, il est impossible de ne pas citer le jugement

Je les plains de ne savoir pas rendre justice à une conduite admirée de toute l'Europe, et n'en persisterai pas moins à persévérer dans la route que je me suis tracée. J'ai vu avec horreur, les journées de juillet, car, à part le respectueux attachement que je portais à la famille royale, je calculais les suites inévitables d'un changement de gouvernement ; je ne partageais donc point les opinions de la majorité de la garde nationale, composée en grande partie de mar-

---

rendu dernièrement contre un homme accusé d'avoir insulté et *frappé* un officier et des chasseurs de la 1ʳᵉ légion, pendant l'exercice de leurs fonctions. Le délit a été *constate* par l'arrêt du tribunal, mais non par la *culpabilité* ; en conséquence l'accusé a été mis sur-le-champ en liberté

chands; ils croyaient gagner à un bouleversement que depuis quinze ans les journaux libéraux leur annonçaient comme devant faire le bonheur de la France; mais dès que des émeutes toujours renaissantes, sont venues arrêter toute possibilité de paix et de prospérité, je me suis hâté de me joindre aux hommes sages qui, après tant d'orages, ne veulent que le repos. Tous les agitateurs, à tel parti qu'ils appartiennent me trouveront prêt de les repousser, et à les forcer à renoncer à leurs coupables projets.

M. de Mairan sortit pour aller faire ses paquets, et je témoignai à madame de Sainval le désir que j'éprouvais de partir avec lui; ce qu'il avait dit de la situation de Paris, m'inquiétait vivement, ma mère y était!.... Et j'avais une extrême impatience de me retrouver près d'elle. M. de Sainval étant entièrement remis, devait retourner chez lui dans deux jours; ma présence ne pouvait donc être d'aucune utilité à sa femme, qui arrangea tout comme je le désirais.

Il fut convenu que M. de Mairan emménerait ma fille et moi dans sa calèche, que nous trouverions à Saint-Chéron; et que nous partirions aussitôt que nos préparatifs seraient faits. Il fallait un motif bien puissant, pour quitter sans un véritable chagrin la société charmante, qui m'avait comblée de bontés. Pour atténuer les regrets que je n'éprouvai pas seule, je promis d'aller avec ma mère, et Coralie, passer quelque tems chez madame de Sainval; et de revenir avec elle revoir l'excellente famille, dont l'hospitalité avait été si parfaite et si utile; après des adieux vingt fois répétés, nous nous éloignâmes d'un lieu, vers lequel ma pensée se portera toujours avec tant de plaisir! J'y ai acquis une amie véritable, et trouvé quelques momens paisibles. Comment ne conserverais-je pas le plus doux souvenir des *Buttes de Báville?*

FIN.

9 782013 279000